Ein Gotteswort für jeden Tag

Konkrete Liturgie

Werner Eizinger

Ein Gotteswort für jeden Tag

2-Minuten-Predigten
für alle Werktage

Verlag Friedrich Pustet
Regensburg

Bibliografische Information der Deutschen Nationalbibliothek
Die Deutesche Nationalbibliothek verzeichnet diese Publikation in der
Deutschen Nationalbibliografie; detaillierte bibliografische Daten
sind im Internet über http://dnb.d-nb.de abrufbar.

www.liturgie-konkret.de
www.verlag-pustet.de

2. Auflage 2017
ISBN 978-3-7917-2176-7
© 2009 by Verlag Friedrich Pustet, Regensburg
Umschlaggestaltung: Cornelia Hofmann und Martin Veicht
Umschlagmotiv: © akg-Images / Erich Lessing
frühchristliches Bronzekreuz, 5. Jh.
Satz und Layout: MedienBüro Monika Fuchs, Hildesheim
Druck und Bindung: Friedrich Pustet, Regensburg
Printed in Germany 2017

Inhalt

Vorbemerkungen 7

Der Weihnachtsfestkreis

1. Adventswoche 10
2. Adventswoche 13
3. Adventswoche 16
17. bis 24. Dezember 18

Weihnachtszeit 23

Der Osterfestkreis

Aschermittwoch 34
Donnerstag nach Aschermittwoch 34
Freitag nach Aschermittwoch 35
Samstag nach Aschermittwoch 35

1. Fastenwoche 36
2. Fastenwoche 39
3. Fastenwoche 44
4. Fastenwoche 48
5. Fastenwoche 52
   Karwoche 56

   Osteroktav 58
2. Osterwoche 62
3. Osterwoche 65
4. Osterwoche 68
5. Osterwoche 72
6. Osterwoche 75
7. Osterwoche 78

Die Zeit im Jahreskreis

1. Woche 82
2. Woche 85
3. Woche 88
4. Woche 91
5. Woche 94
6. Woche 97
7. Woche 100
8. Woche 103
9. Woche 106
10. Woche 109
11. Woche 112
12. Woche 115
13. Woche 118
14. Woche 121
15. Woche 124
16. Woche 127
17. Woche 130
18. Woche 133
19. Woche 137
20. Woche 140
21. Woche 143
22. Woche 146
23. Woche 149
24. Woche 152
25. Woche 155
26. Woche 158
27. Woche 161
28. Woche 164
29. Woche 167
30. Woche 170
31. Woche 173
32. Woche 176
33. Woche 179
34. Woche 182

Vorbemerkungen

In der Allgemeinen Einführung in das Messbuch lesen wir unter Nr. 41, dass die Homilie Teil der Liturgie ist und nachdrücklich empfohlen wird. Unter Nr. 42 wird die Homilie an Sonn- und gebotenen Feiertagen verpflichtend vorgeschrieben, für alle anderen Tage empfohlen.

Der Autor legt hier für alle Werktage im Jahreskreis und in den geprägten Zeiten Homilien zu den Evangelien vor, die aufgrund ihrer Kürze und ihrer prägnanten, für jeden Laien verständlichen Sprache sicher keine Überforderung gewöhnlicher Gottesdienstgemeinden an Werktagen darstellen, aber in der Auslegung des Gotteswortes geistliche Impulse geben.

In zahlreichen Gemeinden leiten heute schon Laien priesterlose Gottesdienste. Ihnen können die hier vorgelegten Kurzhomilien eine wertvolle Hilfe sein.

Aber auch für jene Christen, die aus verschiedenen Gründen keine oder nur sporadisch Werktagsgottesdienste besuchen können, sind die Texte ein Angebot zu einer täglichen kurzen persönlichen Besinnung auf das Evangelium. Lesen Sie zuerst die zum Tag angegebene Schriftstelle, dann den Text dazu in diesem Buch.

Hinweise:
- Die Abkürzung EÜ bedeutet die „Einheitsübersetzung", wie sie z. B. im Lektionar verwendet wird.
- Kursivdruck: *kursiv* gedruckte Wörter oder Satzteile sollen beim Vortrag betont werden, um den Sinnaussagen gerecht zu werden. Deshalb sollte man vor dem Verkündigen im Gottesdienst auch Evangelium und Homilie für sich privat gelesen und bedacht haben.
- In Klammern gesetzte Sätze beziehen sich auf die jeweilige Tageslesung. Wird in einem Wortgottesdienst nur das Evangelium verkündet, so werden die eingeklammerten Sätze nicht mitgelesen.
- Empfehlung: Machen Sie nach dem Vortrag der Homilie eine Pause, ehe Sie im Gottesdienst fortfahren, damit die Gottesdienstteilnehmer Gelegenheit haben, über das Gehörte nachzudenken.
- Ein besonderer Dank des Autors gilt der Buchreihe Stuttgarter Kleiner Kommentar zum Neuen Testament, vor allem den Autoren der Bände 1–4, wo er viele Anregungen für die Kurzhomilien gefunden hat.

Der Weihnachtsfestkreis

Montag der 1. Adventswoche (Mt 8,5–11)

Ein heidnischer Offizier des Herodes Antipas tritt auf Jesus zu und erzählt ihm von dem Leiden seines Dieners, ohne ausdrücklich um Hilfe zu bitten. Jesus aber versteht sofort, was er wünscht, und fragt: „Ich soll kommen und ihn heilen?" (EÜ „will" ist auch möglich). Darauf antwortet der Hauptmann, er sei es nicht wert, dass Jesus in sein Haus komme. Das sei aber auch gar nicht nötig. So wie seine Soldaten gehorchen müssten, wenn ihnen ein Befehl von ihm überbracht werde, so müsse auch die Krankheit von seinem Diener weichen, wenn Jesus dies aus der Ferne gebiete. Da drückt Jesus sein Erstaunen über solchen Glauben aus.

Für uns liegt darin ein wichtiger Hinweis. Jesus kommt nicht zu uns nach Hause, wenn wir in Not sind und um Hilfe bitten. Aber der auferstandene und erhöhte Christus kann uns auch „aus der Ferne", also vom Himmel her, helfen, wenn wir ihn bitten.

Jesus fügt noch hinzu, solchen Glauben habe er in Israel nicht gefunden und kündigt an: „Viele werden von Osten und Westen kommen und ... im Himmelreich zu Tisch sitzen." Das Reich Gottes ist also nicht nur für die Juden da, sondern Gott lädt alle Menschen in sein Reich ein. – Auch uns gilt diese Einladung.

Dienstag der 1. Adventswoche (Lk 10,21–24)

Auf der Wanderung nach Jerusalem bricht Jesus in einen spontanen Jubelruf aus, mit dem er seinen Vater im Himmel preist, weil er den Unmündigen, nämlich den Jüngern, all das geoffenbart hat, was sie von ihm gehört und gesehen haben. Denn der Vater hat ihm alles übergeben, die Worte seiner Lehre und die göttliche Vollmacht des Wirkens auf der Erde. Das wirkliche Wesen des Sohnes kennt nur der Vater und den Vater kennt nur der Sohn und der, dem es der Sohn offenbaren will.

Die Jünger aber preist er selig, weil sie sehen und hören, was nicht einmal die Propheten sehen und hören durften: ihn, den einzigen und wahren Sohn des himmlischen Vaters, den Messias, den die Propheten, (wie wir in der Lesung gehört haben), sehnsuchtsvoll angekündigt hatten. In ihm erfüllt sich die Hoffnung Israels, der Advent, die Ankunft Gottes in der Welt.

ER ist auch heute unter uns gegenwärtig in seinem Wort, in seinem Geist, im eucharistischen Brot. So sind auch wir Zeugen seiner Ankunft und feiern zu Recht ADVENT.

Mittwoch der 1. Adventswoche (Mt 15,29–37)

Eine eigenartige, wohltuende Atmosphäre liegt über dieser Szene. Viele Menschen haben sich auf dem Berg bei Jesus versammelt. Sie haben ihre Kranken und Behinderten zu ihm gebracht, und er hat sie geheilt. Nun sind sie schon drei Tage bei ihm und gehen nicht nach Hause. Sie fühlen sich bei ihm einfach wohl und wollen seine Botschaft hören.

(Die Situation erinnert an die Worte des Propheten Jesaja in der Lesung: „Seht, das ist unser Gott, auf ihn haben wir unsere Hoffnung gesetzt, er wird uns retten. ... Ja, die Hand des Herrn ruht auf diesem Berg.")

Die Leute – es sind viertausend Männer und dazu die Frauen und Kinder – haben nichts mehr zu essen bei sich, und Jesus will sie nicht hungrig wegschicken. Die Jünger haben noch sieben Brote und ein paar Fische. Jesus nimmt die Brote und die Fische, spricht das Dankgebet, bricht die Brote und reicht sie den Jüngern zum Austeilen. Alle essen und werden satt. Man sammelt sogar noch sieben Körbe voller Brotstücke ein.

Es ist wie damals in der Wüste, als Gott sein hungerndes Volk gespeist hat. Jetzt ist sein Volk um Jesus versammelt und wird wieder gespeist. Die Leute können verstehen: Kranke werden geheilt, Hungernde gesättigt, die Heilszeit ist angebrochen. Mit Jesus ist Gottes Heil zu den Menschen gekommen.

Donnerstag der 1. Adventswoche (Mt 7,21.24–27)

Wie oft sprechen wir beim Beten Jesus als „Herr" an! Doch schöne Worte, nur gesprochen, sind wertlos. Vielmehr kommt es darauf an, dass wir ihn auch als unseren Herrn behandeln. Ein kluger Mensch ist, wer seine Worte hört und danach handelt. Wer seine Worte nur hört, aber nicht danach handelt, ist ein Dummkopf. Denn es geht ja ums Leben. Mit unserem Leben, sagt er, ist es wie mit einem Hausbau. Nur ein Haus, das auf festen und zuverlässigen Grund, auf Fels, gebaut ist, hält dem Unwetter stand. Genauso müssen wir unser Leben auf festen und zuverlässigen Fels bauen. Dieser sichere Fels ist Jesus. (Von ihm hat uns der Prophet schon in der Lesung gesagt: „Verlasst euch stets auf den Herrn; denn der Herr ist ein ewiger Fels.") Auf ihn, auf sein Wort müssen wir unser Leben bauen, damit es standhält, wenn er wiederkommt. Denn dann wird er zum Gericht kommen. Und dann helfen bloß fromm dahergesagte Worte nicht, da müssen wir uns durch Taten ausweisen.

Freitag der 1. Adventswoche (Mt 9,27–31)

Nicht zufällig sind es gerade *zwei* Blinde, denen Jesus hier begegnet. Nach damaligem jüdischem Verständnis galt etwas *dann* als erwiesen, wenn *zwei* Zeugen es bestätigten. Von anderen Augenzeugen wird hier nichts berichtet. Die beiden sprechen Jesus als „Sohn Davids" an, also mit einem messianischen Hoheitstitel. Als Blinde hatten sie keines der Wunder Jesu gesehen, aber sie hatten gehört, was die Leute erzählten. Und sie waren zu der Überzeugung gekommen, er müsse der Messias sein. Im Licht des Glaubens und mit der Bereitschaft zu glauben, hatten sie mehr begriffen als ihre sehenden Landsleute.

Sie rufen: „Erbarme dich unser!" Sie bitten nicht ausdrücklich um die Gabe der Sehkraft, sie bitten um sein Erbarmen. Wenn sich der Sohn Davids ihnen erbarmend zuwendet, dann muss ihnen geschehen, was ihnen gut tut. Jesus fragt, ob sie ihm die Macht zu dem Wunder auch zutrauen. Ohne Zögern und ohne Vorbehalt bekunden sie ihren Glauben an seine Vollmacht. Daraufhin heilt er sie mit dem Hinweis auf ihren Glauben.

Sie sollen es allerdings nicht herumerzählen, denn er will nicht als Sensationsheiler missverstanden werden. Aber sie können ihre Freude nicht für sich behalten und erzählen in der ganzen Gegend, was er ihnen getan hat.

Samstag der 1. Adventswoche (Mt 9,35 – 10,1.6–8)

Immer wieder erzählt das Evangelium von der Doppeltätigkeit Jesu: Er lehrt und er heilt. Beides gehört zusammen, beides soll ihn als den Messias und als Sohn Gottes ausweisen. Die Menschen sollen erkennen, dass mit ihm etwas Neues begonnen hat, die Herrschaft Gottes unter den Menschen. Ihm ist aber bewusst, dass er nicht alle Menschen erreichen kann. Deshalb sendet er die Jünger aus, damit sie überall, wohin er nicht selber kommen kann, dasselbe tun wie er: Sie sollen das Wort verkünden und in seiner Vollmacht heilen. Dabei schickt er sie nur in die Dörfer der Juden. Dem ersterwählten Volk Gottes sollen als erstem die Augen geöffnet werden. Erst später schickt er die Jünger dann zu allen Völkern, damit sich die Herrschaft Gottes und der Glaube über die ganze Erde ausbreiten.

So ist die Botschaft auch zu uns gekommen und wir haben sie angenommen. Aber noch viel ist zu tun, denn nicht alle haben sich für das Evangelium geöffnet, und jede Generation muss von Neuem für Gott gewonnen werden. Darum braucht der Herr auch heute bei uns Arbeiter für seine Ernte. Darum zu beten, ist uns aufgetragen.

Montag der 2. Adventswoche (Lk 5,17–26)

Wieder wird uns heute Jesus als Heiland der Menschen vorgestellt. Er heilt die Menschen in einem umfassenden Sinn. Er heilt sie von ihren Sünden und von ihren körperlichen Gebrechen. Daran sollen alle erkennen, dass mit ihm Gott selbst unter den Menschen unterwegs ist, dass alles Böse und Verderbliche durch die Macht Gottes bezwungen wird, wo Gottes Sohn auftritt. Es ist genauso, wie es die Propheten angekündigt hatten. (Wir haben es heute von Jesaja gehört): „Gott selbst wird kommen und euch erretten. Dann werden die Augen der Blinden geöffnet, auch die Ohren der Tauben sind wieder offen. Dann springt der Lahme wie ein Hirsch und die Zunge des Stummen jauchzt auf."

Nun liegt es an den Menschen, die Zeichen, die er tut, zu erkennen, sich zu bekehren und zu glauben. Niemand kann zum Glauben gezwungen werden. Diesen Schritt muss jeder für sich selber gehen. Heute müssen wir ihn in seinen Zeichen erkennen und glauben.

Dienstag der 2. Adventswoche (Mt 18,12–14)

Heute spricht Jesus von denen, die in die Irre gegangen sind. Damit trifft er die Situation der heutigen Kirche in unserem Land. Viele gehen in die Irre, weil sie Gottes Wort noch nicht gehört oder angenommen haben. Aber auch viele, die schon anfanghaft geglaubt hatten, gehen in die Irre, weil sie von anderen dorthin gelockt und von Jesus weggelockt wurden. Viele falsche Propheten sind aufgetreten und haben den Glauben der Menschen mit selbstgestrickten Gottesbildern und Religionen verwirrt. So beten wir nach dem Vaterunser in der Messe: „Bewahre uns vor Verwirrung und Sünde."

Aber Gott will nicht, dass auch nur einer von ihnen verloren geht. Deshalb geht der gute Hirt jedem verlorenen Schaf nach, um es zu finden und zurückzuführen. Darin liegt heute eine der vordringlichen Aufgaben der Kirche, zumal derer, die sich in der Nachfolge des einen guten Hirten verstehen. Sie dürfen sich nicht auf das Hätscheln derer beschränken, die schon in der Herde sind. Sie müssen die Verlorenen suchen, ohne die anderen zu vernachlässigen. Eine wahrhaft schwierige und anspruchsvolle Arbeit! Das bedarf der Unterstützung und des Gebetes aller.

14 Mittwoch der 2. Adventswoche (Mt 11,28–30)

Jesus ruft die Mühseligen und Beladenen zu sich. Welche Leute sind damit gemeint? Das muss nicht eine bestimmte Menschengruppe sein, wie manche vermuten. Menschen litten unter verschiedenen Lasten. Da waren jene, die fromm sein wollten wie die Pharisäer, denen aber durch deren Gesetzesauslegung schier unerträgliche Lasten aufgelegt wurden, so dass in ihnen der Glaube und das Frommsein nicht Freude erweckte, sondern zur Mühsal wurde.

Da waren aber auch die Armen, die Kranken, die Zöllner und anderen Sünder. Sie litten darunter, dass sie ausgestoßen und verachtet waren. Barmherzigkeit gab es für sie nicht.

All diese Menschen ruft Jesus zu sich. Er will ihnen Ruhe verschaffen. Nicht, dass sie dann jede Last los wären, auch er stellt Forderungen an sie: Umkehr und Liebe. Aber weil er gütig ist, finden sie bei ihm Barmherzigkeit und Vergebung. Im Letzten finden sie Gott, der sich ihnen zuwendet und sie annimmt. Das Joch, das sie bei ihm auf sich nehmen müssen, ist leicht. Es ist die Liebe zu Gott, zu sich selbst und zum Nächsten.

Donnerstag der 2. Adventswoche (Mt 11,7b.11–15)

„Unter allen Menschen hat es keinen größeren gegeben als Johannes den Täufer." Aber mit Jesus hat etwas ganz Neues begonnen, mit ihm ist das Reich Gottes schon auf Erden angebrochen. Mit ihm ist Gott selbst in die Welt der Menschen eingetreten als Retter, als Bezwinger jeder bösen Macht. In ihm lebt nun Gott als Liebender, als Befreiender, als Heilender, Vergebender. Wer sich ihm anschließt und ihm nachfolgt, lebt jetzt schon im Reich Gottes. Das war Johannes noch nicht vergönnt. Darum ist der Kleinste im Reich Gottes größer als er. Johannes hat die Menschen darauf vorbereitet, doch seither werden der Herrschaft Gottes Widerstände entgegen gesetzt. Nicht alle Menschen wollen die Herrschaft Gottes, wie sie Jesus verkündet, respektieren.

Ob das bei uns anders ist? Erleben wir nicht dasselbe in unserer Zeit? Und wenn wir es erleben, dann wissen wir: Es war schon immer so. Von Anfang an haben sich Menschen, denen Botschaft und Wirken Jesu nicht genehm waren, dem Reich Gottes widersetzt. Wir dürfen uns von solchen Leuten nicht anstecken lassen, sondern müssen dem Herrn die Treue halten.

Freitag der 2. Adventswoche (Mt 11,16–19)

Aus den Worten Jesu spricht Enttäuschung über *die* Menschen, zu denen er schon so lange gesprochen hat, die so viele seiner Wundertaten miterlebt und von anderen davon gehört hatten. Er vergleicht sie mit Kindern. Da spielen die einen Hochzeitslieder, die anderen aber sitzen nur gelangweilt herum ohne mitzuspielen. Da singen die einen Klagelieder, doch die andern tun wieder nichts dergleichen und bleiben nur untätige Zuschauer. So, sagt Jesus, genauso seid auch ihr! Ihr wollt euch nicht entscheiden. Ihr hört zu, wenn ich euch Gottes Wort verkünde. Ihr seid Zuschauer, wenn ich Kranke heile, Dämonen austreibe oder Tote auferwecke. Aber ihr lasst euch innerlich nicht treffen. Ihr tut so, als ginge euch das alles nichts an. Ihr begreift nicht, dass es für euch um Leben oder Tod, um Heil oder Unheil geht. Ihr habt höchstens an allem etwas herumzunörgeln. Johannes der Täufer war euch zu asketisch, ich bin euch zu lebensfroh. Euch ist nicht zu helfen.

Und wie ist das mit uns? Haben wir uns von ihm ergreifen lassen? Haben wir uns von ihm begeistern lassen? Oder hängen wir auch nur wie gelangweilte Zuschauer herum? Geistlose Pantoffelhelden, die außer einem Bier und einer Brotzeit oder Kaffee und Kuchen nichts brauchen?

Samstag der 2. Adventswoche (Mt 17,9a.10–13)

Den Jüngern ist Jesus bereits als Messias offenbar geworden. Aber, so geben sie zu bedenken, sagen nicht die Schriftgelehrten, zuerst müsse der Prophet Elija wiederkommen? Was nun, wenn dies nicht eintrifft? Jesus antwortet: Jawohl, Elija kommt zuerst, aber er ist schon gekommen, doch sie haben ihn nicht erkannt. Er hat zwar nicht Elija geheißen, sondern Johannes. In diesem ist Elija gekommen. Hat er nicht die Buße gepredigt und als Zeichen der Bußbereitschaft die Taufe gespendet? Hat er nicht den Stärkeren angekündigt, der nach ihm kommen werde und schon mit der Wurfschaufel bereitsteht, um das Korn zu reinigen, die Spreu im Feuer zu verbrennen und den Weizen in die Scheune Gottes einzubringen? Aber sie haben ihn nicht erkannt und mit ihm gemacht, was sie wollten. Ebenso werden sie es auch mit dem Menschensohn machen. Er wird durch sie leiden müssen.

Wir haben den Menschensohn erkannt und bekennen uns zu Jesus als Messias und Sohn Gottes. Nun gilt es freilich, ihm nachzufolgen und ihn vor der Welt zu bezeugen.

Montag der 3. Adventswoche (Mt 21,23-27)

Jetzt wird es ernst. Jesus lehrt im Tempel. Da kommen die Hohenpriester und die Ältesten zu Jesus, also eine offizielle Abordnung des Hohen Rates. Zwar hatte jeder erwachsene Jude das Recht im Tempel das Wort zu ergreifen, aber Jesus lehrt wie einer, der Vollmacht hat. Sie wollen wissen, auf wessen Vollmacht er sich beruft. Das wäre eine Gelegenheit für ihn, sich als Messias oder Sohn Gottes zu erkennen zu geben. Er fällt aber nicht darauf herein, denn dies hätte unweigerlich zu einer Anklage geführt. Er will die Frage erst beantworten, wenn sie seine Gegenfrage beantwortet hätten: Stammte die Taufe des Johannes von Menschen oder vom Himmel? Nun sind sie in der Zwickmühle. Was immer sie antworten, es wäre ungünstig für sie. Also bleiben sie neutral: „Wir wissen es nicht." Im Grunde interessiert es sie nicht. Johannes war tot und seine kleine Anhängerschar unbedeutend und harmlos. Wenn sie aber an seinem Vorläufer Johannes nicht interessiert sind, dann sind sie für Jesus keine Gesprächspartner. Folglich beantwortet er auch ihre Frage nicht.

Wir kennen das Selbstverständnis Jesu, dass er der Messias und der Sohn Gottes ist. Deshalb bekennen wir uns zu ihm, in unserem Herzen und mit unserer Zunge.

Dienstag der 3. Adventswoche (Mt 21,28-32)

Jesus vergleicht die Hohenpriester und Ältesten einerseits, die Zöllner und Sünder anderseits mit zwei Söhnen.

Die Hohenpriester und Ältesten waren als religiöse Autoritäten eingesetzt, um das Volk zu lehren und als erwähltes Gottesvolk zu führen. Sie kannten die Predigt des Johannes und haben die Predigt Jesu, des Sohnes Gottes, gehört und sein Wirken zur Kenntnis nehmen können. Sie haben ihm aber nicht geglaubt, sondern ihn abgelehnt. Damit haben sie den verworfen, in dessen Auftrag er gekommen war: Sie haben Gott verworfen. Sie sind also wie der erste Sohn, der zum Vater sagt: „Ja, Herr!", dann aber nicht geht, um in seinem Weinberg, dem Reich Gottes, zu arbeiten.

Die Sünder und Zöllner dagegen, die zunächst gar nicht als Söhne und Töchter Gottes gelebt hatten, haben sich bekehrt und sind in den Weinberg Gottes gegangen, um dort zu arbeiten. Darum werden sie eher in das Reich Gottes gelangen als die Hohenpriester und Ältesten.

Und wir? Welcher der beiden Gruppen ähneln wir?

Mittwoch der 3. Adventswoche (Lk 7,18b–23)

In seiner Predigt am Jordan hatte der Täufer Johannes Jesus als *den* bezeichnet, der kommen soll und stärker ist als er. Damit meinte er den Messias. Nun sitzt Johannes im Gefängnis des Herodes und erfährt von seinen Jüngern über das Wirken Jesu. Da schickt er zwei seiner Jünger zu Jesus und lässt sie fragen: „Bist *du* der, der kommen soll, oder müssen wir auf einen anderen warten?" Im Umkreis Jesu erleben sie nun selbst sein Heilswirken und seine Heilslehre. Die Frage des Johannes beantwortet Jesus nur indirekt, das muss dem Täufer genügen, denn er kennt die Prophezeiungen des Jesaja. „Blinde sehen wieder, Lahme gehen, Aussätzige werden rein; Taube hören, Tote stehen auf, und den Armen wird das Evangelium verkündet." Genau das haben die Johannesjünger bei Jesus erlebt. Also kann Johannes seine Frage selbst beantworten. Allerdings gibt es Menschen, die am Wirken Jesu Anstoß nehmen, denken wir nur an die Pharisäer und die Schriftgelehrten. Deshalb fügt er hinzu: „Selig ist, wer an mir keinen Anstoß nimmt."

Wir sind in einer ähnlichen Situation wie der Täufer. Auch wir können, wenn wir nur wollen, am Wirken Jesu erkennen, dass er der Messias ist.

Donnerstag der 3. Adventswoche (Lk 7,24–30)

Jesus spricht zur Volksmenge über den Täufer Johannes. Er war kein Schilfrohr das im Wind schwankt. Denn er hat sein Fähnchen nicht nach dem Wind gedreht und gesagt, was die Menschen gern hören, um ihnen zu schmeicheln. Er hat sich in seiner Kleidung und seinem Lebensstil nicht denen angepasst, die sich zur besseren Gesellschaft zählten. Er hat nicht Ehrung durch Menschen gesucht, denn er war ein Prophet. Ihm ging es ausschließlich um die Ehre Gottes und darum, die Menschen auf die Wege Gottes zu führen. Er war von Gott gesandt, um das Volk auf das Kommen des Messias vorzubereiten.

Doch das Tragische an seinem Auftreten war, dass nur das einfache Volk samt den Zöllnern im Wirken des Johannes den Willen Gottes erkannt hat und sich taufen ließ, während die Pharisäer und die Gesetzeslehrer Gottes Willen missachtet und sich der Bußtaufe des Johannes verweigert haben. – Schon diesem Propheten gegenüber haben sie sich so verhalten, wie sie es nun Jesus selbst gegenüber tun. Sie waren verstockt und sind verstockt geblieben. Dabei wäre es gerade *ihre* Aufgabe gewesen, die Zeichen zu erkennen, die Gott ihnen gegeben hat, denn sie waren die religiösen Führer des Volkes.

Hüten wir uns vor solcher Verstockung gegenüber dem Herrn, wenn seine Worte einmal nicht in unser Denkschema passen!

Freitag der 3. Adventswoche (Joh 5,33–36)

Heute greift Jesus die Frage nach seiner Legitimation bzw. seiner Identität auf. Er beruft sich zunächst auf das Zeugnis des Johannes. Der Täufer hat am Jordan für ihn Zeugnis abgelegt. Aber das Zeugnis eines Einzelnen zählt nach jüdischem Recht nicht. Zwar kann einer selbst durchaus die Wahrheit sagen, aber vor Gericht braucht es dafür Zeugen. Zwei mussten es mindestens sein, damit eine Aussage anerkannt wurde. Jesus weist aber darauf hin, dass er von keinem Menschen ein Zeugnis annimmt. Sein Zeuge ist der himmlische Vater. Er hat ihn am Jordan bereits als seinen geliebten Sohn bezeichnet, an dem er Gefallen gefunden hat. Jetzt aber legen die Werke, die er tut, Zeugnis dafür ab, dass ihn der Vater gesandt hat. Kein Mensch kann aus sich selbst all das tun, was Jesus vollbracht hat. Alles, was er tut, tut er in der Öffentlichkeit, jeder kann es sehen und hören. Darum kann auch jeder zum Glauben an ihn kommen.

Die Bereitschaft zu glauben, muss jeder freilich selbst mitbringen. Wer nicht glauben *will*, dem nützen auch keine Werke, dem kann man nicht helfen.

17. Dezember (Mt 1,1–17)

Für unsere Ohren klingt es zunächst sehr nüchtern, um nicht zu sagen langweilig, wenn uns im Gottesdienst der Stammbaum Jesu vorgetragen wird. Worum geht es dem Evangelisten dabei? Er will zeigen, dass die ganze Geschichte Israels eine planvoll geführte Geschichte war, an deren Ende Jesus als der Messias steht.

Zum einen will er die Messianität Jesu beweisen. Über seinen rechtlichen Vater Josef kann er den Stammbaum Jesu auf David zurückführen, aus dessen Geschlecht der Messias hervorgehen soll.

Zum anderen müssen wir bedenken, dass Matthäus für Christen schrieb, die vorher Heiden gewesen waren. Deshalb nennt er neben den Männern auch vier Frauen, die für das frühe Judentum als Heidinnen galten: Tamar, Rahab, Rut und die Frau des Urija. So will er zeigen, weshalb Juden *und* Heiden sich denen anschließen sollen, die Jesus als den Messias und Herrn erkennen und bekennen. Gott will aus Juden *und* Heiden seine Kirche bilden.

18. Dezember (Mt 1,18–24)

Josef, der Verlobte Marias, erkennt, dass diese schwanger ist. Da er mit ihr noch keinen Verkehr gehabt hat, will er sich von ihr trennen, da er sich betrogen fühlt. Da erklärt ihm ein Engel im Traum, er solle Maria dennoch zu sich nehmen, da das Kind nicht von einem anderen Mann, sondern vom Heiligen Geist sei, und dass dieses Kind das Volk von seinen Sünden erlösen werde. Dies kommt in dem Namen Jesus zum Ausdruck. Denn dieses Wort bedeutet „Jahwe, Gott, rettet". Als Erklärung erinnert der Engel Josef an die Ankündigung des Propheten Jesaja, der gesagt hatte: „Seht, die Jungfrau wird ein Kind empfangen, sie wird einen Sohn gebären, und sie wird ihm den Namen Immanuel geben." Das Wort Immanuel heißt auf deutsch: Gott ist mit uns. Mit diesem Kind, sagt der Prophet also, wird Gott bei uns sein.

Josef kann die Zusammenhänge sicher nicht verstehen, aber er tut, was der Engel ihm gesagt hat. Er hat ein offenes Ohr für Gott, deshalb erkennt er, dass ihm einGotteswort geoffenbart wurde.

19. Dezember (Lk 1,5–25)

Die Ehe des jüdischen Priesters Zacharias und seiner Frau Elisabet war kinderlos geblieben. In Israel hatte jede der 24 Priesterabteilungen zwei- oder dreimal pro Jahr Tempeldienst in Jerusalem. Zacharias fällt diesmal die Aufgabe zu, das Rauchopfer darzubringen. Währenddessen kündigt ihm ein Engel an, seine Frau werde doch noch einen Sohn gebären. Er solle ihn Johannes, das heißt „Jahwe, Gott, ist gnädig" nennen, denn er werde groß sein vor dem Herrn und viele Israeliten zu Gott bekehren. Mit dem Geist und der Kraft des Elija werde er dem Herrn vorangehen und das Volk für den Herrn bereit machen. Zacharias aber bezweifelt diese Worte wegen seines und seiner Frau Alter. Wegen seines Unglaubens straft ihn der Engel mit Stummheit, bis das Kind geboren sein werde.

Nach Beendigung seines Tempeldienstes kehrt Zacharias nach Hause zurück und bald wird seine Frau schwanger.

Josef hatte der nach menschlicher Erkenntnis unwahrscheinlichen Botschaft des Engels geglaubt, Zacharias nicht. Dennoch erweisen sich die Worte des Engels als wahr.

20. Dezember (Lk 1,26–38)

Heute erklärt uns der Evangelist, wie es zur Empfängnis Marias kam. Ein Engel verkündet Maria, dass sie einen Sohn gebären werde, den sie Jesus nennen solle. Er werde der Sohn Gottes genannt werden. Maria fragt verwundert, wie das geschehen solle, da sie zwar mit Josef verlobt sei, aber – wie es das Gesetz verlangte – noch keinen Verkehr mit ihm habe. Darauf antwortet der Engel, das Kind werde deshalb Sohn Gottes genannt werden, weil der Heilige Geist über sie kommen und die Kraft des Höchsten sie überschatten werde. Es werde also nicht das Kind Josefs, sondern Gottes sein. Wir fragen uns, wie solches möglich sein könne.

Aber der Schöpfergott respektiert zwar seine eigenen Gesetze, die er der Schöpfung gegeben hat, die Naturgesetze, doch er ist dadurch nicht ohnmächtig geworden, als könne er nun nicht mehr an der Materie handeln. Wer dies behaupten wollte, würde Gott das Gottsein absprechen. In der Empfängnis Jesu im Mutterleib Marias zeigen sich sein Handeln an der Materie und sein Herrsein über die Materie ebenso wie in der Auferstehung Jesu. Die Empfängnis Jesu ist eine Neuschöpfung Gottes im Mutterleib Marias.

21. Dezember (Lk 1,39–45)

Durch den Engel hatte Maria von der Schwangerschaft ihrer Verwandten Elisabet gehört. Sie macht sich auf den Weg zu ihr; die Reise hinauf in das Bergland von Judäa dürfte drei bis vier Tage gedauert haben. Bei der Begrüßung der beiden Frauen kommt es zu einer ersten Begegnung der Söhne im Mutterleib. Als der geisterfüllte Johannes im Leib Marias den Messias wahrnimmt, bewegt er sich voller Freude. Schon vor der Geburt Jesu erkennt der noch nicht geborene Vorläufer und Täufer Johannes die messianische Würde des Kindes in Maria.

Aber auch Elisabet wird in diesem Augenblick vom Heiligen Geist erfüllt und nennt Maria wegen der Frucht in ihrem Leib die Mutter ihres Herrn. Sie bekennt das Kind Marias bereits als ihren Herrn und preist Maria selig, weil sie der Botschaft des Engels geglaubt hat.

22. Dezember (Lk 1,46–56)

Maria antwortet dem Glaubensbekenntnis der Elisabet mit einer einzigen Lob- und Dankhymne an Gott. Rückwirkend und zugleich vorausschauend rühmt sie das Heilswirken Gottes. Sie versteht sich als eine demütig Glaubende vor der Allmacht und Weisheit Gottes. Im Gegensatz zu den Mächtigen der Welt versteht sie sich als restlos abhängig von Gott. Für ihre beispielhafte Glaubenshaltung werden sie alle Generationen selig preisen. Denn durch sie hat Gott mit seiner Rettungstat für alle Menschen begonnen.

Die Hochmütigen und Mächtigen, die sich selbst vor Gott rühmen, werden von ihm zur Wirkungslosigkeit verurteilt, die Armen dagegen erfahren seine Wohltaten. So wird sich in der Zukunft die Gerechtigkeit Gottes erweisen, die er in seinem Erbarmen schon den Vätern seit Abraham verheißen hat.

23. Dezember (Lk 1,57–66)

Am achten Tag nach der Geburt des Kindes kommen die Nachbarn und Verwandten der Elisabet zur Beschneidung des Kindes zusammen. Nach damaligem Brauch erhielt der erste Sohn den Namen des Vaters. Doch Elisabet widerspricht und sagt: „Er soll Johannes heißen." Da fragen sie den Vater nach dem Namen des Kindes. Da er stumm ist, verlangt er ein Schreibtäfelchen und notiert darauf, was ihm der Engel aufgetragen hat: „Sein Name ist Johannes." Im gleichen Augenblick ist er von der Stummheit befreit und kann seiner Freude in einem Lobpreis Gottes Ausdruck verleihen. Auch jetzt hat sich das Wort des Engels bewahrheitet.

Alle fragen sich, was aus diesem Kind wohl werden würde, denn es war unübersehbar, dass Gott mit ihm war.

24. Dezember, Am Morgen (Lk 1,67–79)

Zacharias preist Gott, weil er sich seinem Volk zugewandt und ihm Erlösung geschaffen hat. Zunächst nimmt er die Geburt Jesu bereits vorweg und spricht von dem starken Retter, den die Propheten schon verheißen haben und in dem Gott sein Erbarmen vollenden wird. Dann werden ihm alle in Heiligkeit und Gerechtigkeit dienen.

Dann wendet sich Zacharias seinem eigenen Sohn zu und nennt ihn mit prophetischen Worten „Prophet des Höchsten", der dem Herrn vorangehen und ihm den Weg bereiten wird. Schließlich spielt er schon auf die Bußpredigt und die Taufe des Johannes an, in der er sein Volk „mit der Erfahrung des Heils beschenken wird in der Vergebung der Sünden". Als Ursache der Sündenvergebung nennt er „die barmherzige Liebe unseres Gottes", die uns „das aufstrahlende Licht aus der Höhe", den Messias, sendet.

26. Dezember, Hl. Stephanus, erster Märtyrer (Mt 10,17–22)

Unsere Gedanken sind noch ganz bei Weihnachten, beim Geschehen an der Krippe, bei der Geburt Jesu in Betlehem. Doch die Kirche ruft uns mit dem hl. Stephanus schon den ersten Märtyrer ins Gedächtnis. Mit der Erinnerung an seine tödliche Folterung werden wir aus der weihnachtlichen Idylle gerissen. Der Herr sagt zu den Jüngern: „Nehmt euch vor den Menschen in Acht!" Wir wissen, was die Menschen mit ihm gemacht haben. Heute macht er uns deutlich, womit wir rechnen müssen, wenn wir in Treue zu unserem Glauben an ihn stehen. Unzählige Märtyrer haben es schon erfahren: An Christus glauben kann tödlich sein – jedenfalls in den Augen der Menschen.

Trotzdem müssen wir uns nicht fürchten, denn wenn es so weit käme, würde Gottes Geist durch uns sprechen. Er würde uns stärken. Dies ist zwar keine Garantie gegen Folter und Ermordung, aber der Herr verspricht uns: „Wer bis zum Ende standhaft bleibt, der wird gerettet." Darauf kommt es letztlich an.

In unserem Land müssen wir zurzeit nicht mit Glaubensverfolgung rechnen, aber in Situationen, in denen wir unseren Glauben bekennen sollen, können wir täglich kommen. Wie verhalten wir uns dann?

27. Dezember, Hl. Johannes, Apostel, Evangelist (Joh 20,2–8)

Das Fest des hl. Apostels Johannes unterbricht die Lesungen der Weihnachtszeit mit einem Ausblick auf das Ziel der Geburt Jesu. Die Menschen haben dem Erlöser einen grausamen Tod bereitet. Doch der Tod konnte ihn, der das Leben selber ist, nicht festhalten. So finden die Jünger am Ostermorgen ein leeres Grab vor. Der Herr aber ist auferstanden. So hat sich die Ankündigung als wahr erwiesen, dass der Sohn Gottes in die Welt gekommen ist, um uns Menschen zu erlösen und das Heil Gottes zu vermitteln. In seinem Sieg über den Tod hat er auch unseren Tod besiegt und uns das Tor zum Leben, zur Auferstehung geöffnet. Wir sind für die Ewigkeit gerettet, wenn wir ihm in unserem irdischen Leben nachfolgen.

28. Dezember, Unschuldige Kinder (Mt 2,13–18)

Der Besuch der Sterndeuter hat Herodes in Angst und Schrecken versetzt. Ein neugeborener König der Juden! Also ein Rivale um die Macht! Das darf nicht sein, der Konkurrent muss beseitigt werden, solange er noch klein und ungefährlich ist. Die Grausamkeit des Herodes war im ganzen Land bekannt, hatte er doch schon drei seiner eigenen Söhne, mindestens zwei Hohepriester und einmal den gesamten Hohen Rat umbringen lassen!

So kommt es zum Kindermord von Betlehem. Wenn alle kleinen Knaben ermordet werden, muss ja auch sein Rivale aus dem Weg geräumt sein. Doch Jesus ist nicht unter den Getöteten. In einem Traum hatte ein Engel dem Josef befohlen, mit dem Kind und seiner Mutter nach Ägypten zu fliehen und dort zu bleiben, bis er neue Anweisung erhält. So hat Gott seinen Plan, die Menschen zu erlösen, gegen den grausamen Despoten durchgesetzt.

Heute freilich werden viele Kinder noch früher getötet, noch ehe sie den Leib ihrer Mutter verlassen konnten.

29. Dezember, 5. Tag der Weihnachtsoktav (Lk 2,22–35)

Nach der Beschneidung des Kindes durfte die Mutter 33 Tage lang den Tempel nicht betreten; dann war die Zeit der Reinigung vorüber. Nun bringen Maria und Josef das Kind nach Jerusalem hinauf, um es dem Herrn zu weihen. Mit dieser „Weihe" drückten die Eltern aus, dass sie das Kind als Gottes Eigentum erklärten. Jesu Eltern gehörten zu den armen Leuten, denn sie mussten nur zwei Tauben opfern. Die reicheren Leute dagegen hatten eine Taube und ein Lamm zu opfern.

Simeon, ein frommer Mann, dem der Heilige Geist geoffenbart hatte, er werde nicht sterben, ehe er den Messias gesehen habe, tritt hinzu, nimmt das Kind in seine Arme und preist Gott. Nun könne er in Frieden scheiden, denn er hat den Messias gesehen und mit ihm das Heil, das Gott vor allen Völkern bereitet hat. Prophetisch vorausblickend bezeichnet er Jesus als ein Licht, das auch die Heiden erleuchten, nämlich zum Glauben an Gott führen wird. So wird Gottes Heil allen Völkern zuteil werden, seinen Ausgang nimmt es aber von Israel.

Nachdem Simeon die Eltern gesegnet hat, sagt er Maria voraus, dass ihr Kind die Menschen vor die Entscheidung stellen wird. Am Ja oder Nein zu ihm wird sich das Schicksal der Menschen entscheiden. Dabei wird ihr selbst ein Schwert durch die Seele dringen – ein Hinweis auf die Ablehnung Jesu bei vielen Juden und auf seinen Kreuzestod.

30. Dezember, 6. Tag der Weihnachtsoktav (Lk 2,36–40)

Immer noch im Tempel tritt nach Simeon die Prophetin Hanna, zu Deutsch Anna, hinzu. Diese Witwe dient Gott Tag und Nacht mit Fasten und Beten. Der Name Anna bedeutet „Gott ist gnädig". Der Name ihres Vaters Penuel bedeutet „Gott ist Licht", der Stammesname Ascher bedeutet „Glück". Im biblischen Verständnis ist der Name Programm. Er sagt etwas über das Wesen des Menschen aus. Wenn sie nun zu allen spricht, „die auf die Erlösung Jerusalems warteten", dann wird deutlich, was der Evangelist damit sagen will: In diesem Kind hat sich Gott seinem Volk gnädig erwiesen, in ihm ist das Licht in die Welt gekommen, auf das die Menschen so lange schon warten. Das Glück, die Erlösung ist nahe gekommen.

Auch wir haben im Glauben erkannt, dass das Kind Jesus, der Sohn Gottes, zu unserer Erlösung in die Welt gekommen ist. An uns liegt es nun, sein Angebot der Erlösung durch ein gottgefälliges Leben anzunehmen.

31. Dezember, 7. Tag der Weihnachtsoktav (Joh 1,1–18)

Der Anfang des Johannesevangeliums kann uns nachdenklich machen. Er spricht von Johannes dem Täufer, der nicht selbst das Licht war, sondern Zeugnis abgelegt hat für das Licht, damit alle durch ihn zum Glauben kämen.

Dann aber kam das Licht selbst in die Welt, das wahre Licht, das jeden Menschen erleuchtet, das Wort Gottes, durch das alles geworden ist. In ihm war das Leben. Nun kam es in sein Eigentum, in die Welt. Doch die Seinen nahmen ihn nicht auf. Im Grunde ein furchtbarer Gedanke, wir könnten zu denen gehören, die ihn nicht aufnehmen, obwohl auch wir sein Eigentum sind!

Wenn wir ihn jedoch aufnehmen, d. h. an ihn glauben, dann gibt er uns Macht, Kinder Gottes zu werden, Söhne und Töchter des himmlischen Vaters. Und damit letztlich Erben des Reiches Gottes.

2. Januar (Joh 1,19–28)

Das heutige Evangelium dreht sich um die Frage: Wer ist Johannes der Täufer? Da er mit einer religiösen Botschaft auftritt, will die religiöse Autorität in Jerusalem von ihm eine Antwort haben auf die Frage: „Wer bist du?" Er stellt zunächst klar, dass er nicht der Messias ist, auch nicht Elija und ebenso wenig *der* Prophet, den die Juden als endzeitlichen Offenbarer erwarteten. So bleibt die Frage: „Wer bist du dann?"

Jetzt erklärt er sich als Stimme, die in der Wüste ruft: „Ebnet den Weg des Herrn!" Er bekennt sich also als Herold des Herrn, als einer, der das Kommen des Herrn ankündigt und die Menschen darauf vorbereitet. Dem entspricht auch die Aussage, dass er nur mit Wasser tauft, also nicht mit Geist. Jedoch unter seinen Zuhörern steht bereits der, der nach ihm kommt, und dem er nicht wert ist, die Schuhe aufzuschnüren, also Knechtsdienst zu leisten.

Johannes ist einer, der nicht auf *sich* aufmerksam machen will, der nicht sich wichtig machen will, sondern ganz und gar auf Jesus hinweist. Dieser allein ist wichtig. Das sollen auch wir uns zu Herzen nehmen: Der Herr allein ist wichtig. Wir sollen uns nicht wichtiger nehmen als wir sind.

3. Januar (Joh 1,29–34)

Der Täufer Johannes sieht Jesus auf sich zukommen. Sofort verweist er die Leute auf ihn und sagt: „Seht, das Lamm Gottes, das die Sünde der Welt hinwegnimmt." Dieses Wort erinnert an den Propheten Jesaja, der von dem leidenden Gottesknecht gesagt hatte, dass er „wie ein Lamm, das man zum Schlachten führt" war und „die Sünden von vielen trug". Noch stärker erinnert es uns an das Paschalamm, das zur selben Stunde im Tempel geschlachtet wurde, zu der Jesus am Karfreitag starb. Er ist das wahre Lamm Gottes, das die Sünden der Welt hinwegnimmt. So wird schon beim ersten Auftreten Jesu auf sein Leiden hingewiesen.

Woher weiß der Täufer das über Jesus? Darauf sagt er selbst, der Geist Gottes habe es ihm geoffenbart. Und er bezeugt von Jesus, dass er nicht wie Johannes nur mit Wasser, sondern mit Heiligem Geist tauft und dass er der Sohn Gottes ist.

So wird Johannes zum Vorbild für jeden, der sich gläubig zu Christus bekennt und ihn vor der Welt bezeugt, auch zum Vorbild für uns.

4. Januar (Joh 1,35–42)

Johannes tauft im Jordan und zwei seiner Jünger stehen bei ihm. Da sieht er Jesus vorübergehen und sagt: „Seht, das Lamm Gottes!" Seine Jünger hören das und folgen Jesus. Johannes ist ein Mann, der seine Jünger nicht an *sich* bindet, sondern auf *Jesus* verweist. Jesus ist der, zu dem wir gehen und dem wir nachfolgen müssen.

Als Jesus sieht, dass die beiden ihm folgen, fragt er sie, was sie wollen. Diese Frage macht die beiden verlegen. Was sollen sie sagen? Also fragen sie einfach: „Wo wohnst du?" Seine Antwort: „Kommt und seht!" Wer ihn kennen lernen will, muss mit ihm gehen und bei ihm sein. Sie bleiben den ganzen Tag bei ihm. So lernen sie ihn kennen. Der Weg der Nachfolge hat begonnen.

Einer der beiden, Andreas, trifft seinen Bruder Simon, erzählt ihm, sie hätten den Messias gefunden, und führt ihn zu Jesus. Der schaut ihn an und erklärt ihm sogleich, wer er ist und dass er nun Petrus, der Fels, heißen solle. – Uns fällt auf, dass jeweils ein Mensch andere auf Jesus aufmerksam gemacht hat, ehe diese zu ihm gingen. Auch wir haben auf diese Weise zum Herrn gefunden. Und durch uns sollen wieder andere auf den Weg zu ihm geführt werden.

5. Januar (Joh 1,43–51)

Jesus trifft Philippus und fordert ihn sogleich auf: „Folge mir nach!" Der trifft seinerseits Natanael und erzählt ihm von Jesus. Als dieser hört, Jesus komme aus Nazaret, äußert er Bedenken. Nazaret stand bei den gläubigen Juden in keinem guten Ruf. Philippus aber sagt nur: „Komm und sieh!"

Als Jesus Natanael kommen sieht, nennt er ihn einen Mann ohne Falschheit. Erstaunt fragt Natanael, woher er ihn kenne. Die Antwort: „Schon bevor dich Philippus rief, habe ich dich unter dem Feigenbaum gesehen." Diese Antwort bricht allen Widerstand des Natanael: „Rabbi, du bist der Sohn Gottes!" Er erkennt das übernatürliche Wissen Jesu. Uns bleibt unbekannt, was da mit Natanael unter dem Feigenbaum war. Es bleibt ein Geheimnis zwischen Natanael und Jesus. Doch dieser kündigt dem Natanael an, dass er in seiner Nachfolge noch Größeres sehen, ja den Himmel geöffnet sehen werde.

Es gibt also zwei Wege, auf denen wir in die Nachfolge Jesu finden können: Philippus wird von Jesus selbst dazu aufgefordert, Natanael wird von Philippus dazu eingeladen. Wenn er mitkommt und Jesus kennen lernt, wird er sich selbst ein Bild von ihm machen können.

Wie hat unser Weg zu Jesus ausgesehen? Für welche Menschen könnten wir Führer hin zu Jesus werden?

6. Januar, *wo das Hochfest Erscheinung des Herrn auf den Sonntag, den 7. oder 8. Januar, verlegt wird* (Mk 1,7-11)

Die Menschen, die sich von Johannes im Jordan taufen ließen, bekannten sich damit vor Gott als Sünder. Dabei machte er keinen Unterschied zwischen Gottlosen und Frommen. Er verlangte von allen, sich von ihren Sünden abzuwenden. In seinen Augen genügte es nicht mehr, wie bisher fromm zu sein. Nun reiht sich auch Jesus in die Schar der Täuflinge ein. Damit schließt er sich der Überzeugung des Johannes an, dass es für keinen genügt, wie bisher fromm zu sein. Bloße Gesetzesfrömmigkeit genügt nicht. Nicht auf äußere Erfüllung religiöser Bräuche und Vorschriften kommt es an, sondern auf das Herz des Menschen, auf seine innere Gesinnung, auf seine herzliche Gottesbeziehung, aus der seine Taten hervorgehen müssen.

Als Jesus aus dem Wasser steigt, da sieht Johannes, dass der Geist Gottes auf ihn herabkommt, so wie eine Taube aus der Höhe herabschwebt und sich niederlässt. Der Geist kommt also nicht *als* Taube herab, sondern *wie* eine Taube. Es handelt sich um ein Sprachbild, um einen Vergleich, nicht um eine Beschreibung. Gleichzeitig ertönt eine Stimme aus dem Himmel: „Du bist mein geliebter Sohn, an dir habe ich Gefallen gefunden." Wir haben ein Bekenntnis des Vaters zu Jesus als seinem Sohn vor uns.

7. Januar, *wo das Hochfest Erscheinung des Herrn auf den Sonntag, den 8. Januar, verlegt wird* (Joh 2,1-11)

Jesus wirkt sein erstes Wunder oder wie Johannes sagt: sein erstes Zeichen. Es ist ein sogenanntes Geschenkwunder. Dadurch soll den Menschen gezeigt werden, dass Gott in einer Notlage auf wunderbare Weise reichlich Gaben zur Verfügung stellt. Zuvor aber weist Jesus darauf hin, dass er sich bei seinem Wirken von keiner menschlichen Beziehung bestimmen lässt, auch nicht von seiner Mutter. Allein der Vater bestimmt sein Handeln, und nur Jesus kennt den Willen des Vaters.

Auffällig ist die besondere Qualität des Weines und die große Menge, es sind 500 bis 700 Liter. Beides ist als Ausdruck der Herrlichkeit Gottes zu verstehen, die uns in Jesus begegnet. Gott kennt in seinem Schenken keine Knauserigkeit, das widerspräche seiner Liebe zu den Menschen. Mit diesem Wunder wird zugleich gezeigt, dass mit dem Wirken Jesu Gottes Heil zu den Menschen gekommen ist.

7. Januar *oder Montag nach dem Sonntag, auf den gegebenenfalls das Hochfest Erscheinung des Herrn verlegt wird* (Mt 4,12–17.23–25)

Die Gefangennahme des Täufers ist für Jesus ein Signal. Das Auftreten seines Vorläufers ist zu Ende gegangen, nun beginnt sein eigenes öffentliches Wirken. Er beginnt damit in Kafarnaum in der Provinz Galiläa. Diese Gegend hatte schon Jesaja als das *heidnische* Galiläa bezeichnet, denn dort wohnte eine Mischbevölkerung aus Juden und Heiden; viel heidnisches Brauchtum hatte sich eingebürgert. Deshalb ist von dem Volk die Rede, „das im Dunkel lebte". Aber gerade dieses Volk hat mit dem Auftreten Jesu „ein helles Licht" gesehen. Jesus ist für Juden und Heiden das Licht schlechthin.

Am Anfang seiner Predigt steht der Aufruf zur Umkehr, „denn das Himmelreich ist nahe". Mit ihm ist es zu den Menschen gekommen. Diese Botschaft unterstreicht er mit vielen Heilungen. Daran sollen die Menschen erkennen, dass das Heil Gottes nun zu ihnen gekommen ist.

Diesen Aufruf zur Umkehr ruft der Herr auch uns zu. Die Umkehr macht uns bereit für das Heil, das uns Gott in der Nachfolge Jesu schenkt, wie wir gehört haben: „Viele Menschen ... folgten ihm."

8. Januar *oder Dienstag nach dem Sonntag, auf den gegebenenfalls das Hochfest Erscheinung des Herrn verlegt wird* (Mk 6,34–44)

Mit einfachen Worten erzählt Markus einen Höhepunkt im Wirken Jesu. Die Erzählung erinnert an die Wüstenwanderung Israels, die ja als Vorbild für die messianische Zeit galt. An das Wüstenmilieu von damals erinnert bei Markus der einsame, abgelegene Ort und die Lagerung im Freien. Damals hatten sich die Israeliten in Gruppen zu hundert und zu fünfzig vor Mose versammelt. Hier lässt Jesus die Leute in Gruppen zu hundert und zu fünfzig lagern. So erscheint Jesus seinen Zeitgenossen als der neue Mose, der das Gottesvolk sammelt. Daran sollen wir Christen uns als das neue Gottesvolk erkennen, das Jesus um sich schart.

Jesus blickt zum Himmel auf; damit drückt der Evangelist Jesu Vertrauen zum himmlischen Vater aus. Dann spricht er wie der jüdische Hausvater vor dem Essen den Lobpreis Gottes, das Segensgebet. Wichtig ist für Markus auch, dass Jesus *mit Hilfe der Jünger* dieses Wunder wirkt. So wird die ganze Szene zu einer „Vorschau" auf das letzte Abendmahl und auf unsere Eucharistiefeier. Von dem Brot, das er uns darin gibt, lebt das neue Gottesvolk, das er in der Kirche um sich versammelt hat.

9. Januar *oder Mittwoch nach dem Sonntag, auf den gegebenenfalls das Hochfest Erscheinung des Herrn verlegt wird* (Mk 6,45–52)

Während Jesus auf einem Berg betet, rudern die Jünger schon an das andere Ufer voraus. Jesus hatte sie dazu aufgefordert. Spät am Abend sieht er, wie sie auf dem See gegen den Wind ankämpfen. Schließlich geht er auf dem See zu ihnen. Sie aber meinen, ein Gespenst zu sehen und schreien vor Schreck auf. Da redet er sie an: „Habt Vertrauen, *ich* bin es; fürchtet euch nicht!" Dann steigt er zu ihnen ins Boot, und der Wind legt sich.

Auch wir spüren oft in unserem Leben scharfen Gegenwind. Dieser Wind kann viele Ursachen haben; manchmal können wir uns sogar überfordert fühlen, manchmal können wir verzagen oder gar verzweifeln. Dann dürfen wir wissen, was die Jünger hier erfahren haben: Der Herr sieht unsere Not und unsere Probleme. Er erwartet, dass wir selbst dagegen ankämpfen, aber er lässt uns nicht allein. Er ist bei uns, auch wenn wir ihn nicht sehen. Er gibt uns Kraft zum Durchhalten, wir dürfen uns nur nicht selber aufgeben. Er steigt sogar zu uns in das Boot unseres Lebens, und der Gegenwind legt sich.

Wir dürfen in der Tiefe unserer Person auf ihn vertrauen. Dieses Vertrauen beruhigt uns, gibt uns Zuversicht und Kraft. Wir wissen: Der Herr lässt die Seinen nicht im Stich.

10. Januar *oder Donnerstag nach dem Sonntag, auf den gegebenenfalls das Hochfest Erscheinung des Herrn verlegt wird* (Lk 4,14–22a)

Jesus lehrt in den Synagogen Galiläas, wird von allen gepriesen, seine Kunde verbreitet sich in der ganzen Gegend. So kommt er auch nach Nazaret, wo er aufgewachsen war. Auch die Nazaretaner haben längst die Nachricht von seinem Wirken in den anderen Orten vernommen und sind nun gespannt auf die Begegnung mit ihm. Als frommer Jude geht er am Sabbat in die Synagoge, um dem Gottesdienst beizuwohnen. Dem Recht jedes erwachsenen Mannes folgend, erhebt auch er sich und liest aus der Schrift vor. Er schlägt den Propheten Jesaja auf und trägt den Text vor, den wir eben im Evangelium gehört haben. Dann setzt er sich, wie damals üblich, zu einem Lehrvortrag und erklärt: Was ihr jetzt gehört habt, hat sich heute erfüllt. Ich bin der, von dem der Prophet da gesprochen hat. Auf mir ruht Gottes Geist. Gott hat mich gesandt, damit ich sein Heil in die Welt und zu euch her bringe. Meine Botschaft ist Gottes gute Nachricht für euch.

Der Beifall, den ihm die Nazaretaner spendeten, war nur von kurzer Dauer. Möge *unser* Dank und *unser* Lobpreis für ihn ohne Ende in unserer Gemeinde ertönen!

11. Januar *oder Freitag nach dem Sonntag, auf den gegebenenfalls das Hochfest Erscheinung des Herrn verlegt wird* (Lk 5,12–16)

Ein Mann, am ganzen Körper voll von Aussatz (Lepra), kommt auf Jesus zu. Aussatz war damals unheilbar, Aussätzige waren zum Tod verurteilt und galten als Tote. Sie durften sich wegen der Ansteckungsgefahr Gesunden nicht nähern. Doch einen Menschen in solchem Elend mochte das wenig kümmern. So setzt er sich über das Verbot hinweg und geht auf Jesus zu. Vor ihm wirft er sich auf die Erde und bittet um Heilung. Er ist überzeugt davon, dass Jesus kann, was kein Mensch sonst vermochte: „Wenn du willst, kannst du machen, dass ich rein werde." Jesus tut, was er in solchen Situationen immer wieder tat. Er streckt seine Hand aus und berührt den Mann. Damit zeigt er dem verzweifelten Kranken seine menschliche Nähe, sein Mitfühlen mit seiner Not. Und dann spricht er das befreiende Wort: „Ich will es, werde rein! Im gleichen Augenblick verschwand der Aussatz."

Jesus zieht sich an einen einsamen Ort zurück, um zu beten. Das können wir bei Jesus immer wieder feststellen: Sein Heilswirken an den Menschen und sein innerliches Beisammensein mit dem Vater ergänzen sich. Das sollten wir von ihm lernen: Arbeiten und beten gehören zusammen und müssen sich auch in unserem Leben ergänzen. Wir brauchen die Kraft, die aus dem innigen Beisammensein mit Gott kommt, für den Alltag.

12. Januar *oder Samstag nach dem Sonntag, auf den gegebenenfalls das Hochfest Erscheinung des Herrn verlegt wird* (Joh 3,22–30)

Da auch Jesus eine Zeitlang taufte, kommt es zu einem Streit zwischen den Jüngern des Johannes und einem Juden über die Frage, welche Taufe wohl mehr wert sei. Da beklagen sich die Johannesjünger bei ihrem Meister, dass Jesus jetzt auch tauft und die Leute zu ihm laufen. Sie haben offenbar noch nicht begriffen, was Johannes gemeint hatte, als er von dem Größeren sprach, der nach ihm kommen würde. Sie sind ausschließlich auf Johannes fixiert. Er ist ihr Rabbi, sonst keiner. Da erinnert sie Johannes an seine früheren Worte, dass er nur dem Messias vorausgehe. Er vergleicht sich mit dem Freund des Bräutigams, der sich freut, wenn der Bräutigam seine Braut, die Kirche, heimführt. Dies, sagt er, geschieht nun. Und dann nimmt er sich ganz zurück und sagt: „Er muss wachsen, ich aber muss kleiner werden." Er weiß, dass er seine Aufgabe, dem Messias vorauszugehen und auf ihn hinzuweisen, erfüllt hat. Nun ist die Zeit des Messias selbst angebrochen.

Dies muss auch für uns gelten. Nicht auf *uns* müssen wir aufmerksam machen, sondern auf den *Herrn*.

Der Osterfestkreis

34 Aschermittwoch (Mt 6,1-6.16-18)

In der Fastenzeit wollen wir uns neu auf unser Leben mit Gott und unsere Verantwortung gegenüber den Menschen besinnen. Dafür gibt uns Jesus heute Maßstäbe an die Hand. Er warnt uns, unsere Gerechtigkeit vor den Menschen zur Schau zu stellen. Als gerecht galt, wer den göttlichen Willen erfüllt. Es geht um die rechte Frömmigkeit der Jesusjünger. Beten, fasten und Almosen geben galt bei den Juden als besonderes Kennzeichen der Frömmigkeit. Jesus macht deutlich, dass wir dabei zwei Möglichkeiten haben. Die eine: Wir können uns wie Schauspieler benehmen, das heißt wir können unser Beten, Fasten und Almosen geben bewusst so inszenieren, dass die Öffentlichkeit darauf aufmerksam wird. Dann schielen wir auf das Lob der Menschen, dann ziehen wir nur eine fromme Schau ab. Wer so handelt, sagt Jesus, hat seinen Lohn schon erhalten, denn er war ja nur auf die Wirkung bei den Leuten aus. Bei Gott dürfen wir dann keinen Lohn mehr erwarten. Die andere Möglichkeit: Wir tun all das, was sich selbstverständlich aus dem Glauben ergibt, weil wir gut sein wollen, weil wir helfen wollen, weil wir mit Gott verbunden leben wollen. Wir stellen es also nicht vor den Menschen zur Schau. Dann, sagt Jesus, wird uns der himmlische Vater unser Gutsein vergelten.

Donnerstag nach Aschermittwoch (Lk 9,22-25)

Schon am Beginn der Fastenzeit kündigt Jesus den Jüngern sein Leiden und seinen Tod an. Dabei macht er deutlich, dass dies nicht eine Falle sein wird, in die er tappt, sondern dass es dem Plan Gottes entspricht. „Der Menschensohn *muss*" das auf sich nehmen, um seine göttliche Sendung für die Menschen zu erfüllen.

Anschließend wendet er sich an alle und erklärt, dass nur jener sein Jünger sein kann, der sein eigenes Kreuz täglich auf sich nimmt und so seinem Herrn nachfolgt; Christsein ohne Nachfolge Jesu geht nicht, und Nachfolge geht nicht ohne Annahme des Kreuzes. Denn der Glaube kann uns zum Kreuz werden, wenn wir uns vor den Menschen klar und eindeutig zum Herrn bekennen. Dann müssen wir mit Anfeindung, Spott und Unverständnis, im äußersten Fall mit Verfolgung und Martyrium rechnen. In all diesen Situationen wird sich zeigen, ob wir wirklich das Kreuz auf uns nehmen und zum Herrn stehen. Wer es tut, der wird sein Leben retten, das meint für das ewige Leben retten. Er wird in dieser Welt Nachteile in Kauf nehmen, am Ende jedoch der Sieger sein.

Freitag nach Aschermittwoch (Mt 9,14–15)

Die Jünger des Täufers Johannes führten wie ihr Meister ein strenges Bußleben. Umkehr und Buße waren ja Hauptinhalt der Predigt ihres Meisters gewesen. Nun sehen sie, dass die Jünger Jesu nicht fasten. Da kommen ihnen Zweifel an der Frömmigkeit Jesu und seiner Jünger. Deshalb kommen sie zu Jesus mit der Frage: „Warum fasten *deine* Jünger nicht?" Jesus gibt ihnen eine verblüffende Antwort. Der innere Sinn des Fastens ist Trauer über einen verlorenen Menschen, auch Trauer über die eigenen Sünden. Jetzt aber ist Freudenzeit. Wenn der Bräutigam seine Freunde zur Hochzeit einlädt, dann kommen sie doch nicht zu einer Trauerfeier. Jetzt ist der Bräutigam da inmitten seiner Freunde. Da hätte das Fasten überhaupt keinen Sinn. Freilich, es werden Tage kommen, an denen ihnen der Bräutigam genommen sein wird, nämlich wenn er seinen Gegnern ausgeliefert und schließlich getötet wird und nicht mehr leibhaft unter ihnen sein wird. Dann werden seine Jünger fasten.

Darum ist es sinnvoll, wenn wir in dieser Zeit, da wir in Gedanken dem Leiden und Sterben Jesu entgegengehen, fasten.

Samstag nach Aschermittwoch (Lk 5,27–32)

Jesus ruft den Zöllner Levi von seiner Arbeitsstätte weg in die Nachfolge. Und der steht auf, lässt alles liegen und folgt Jesus. Voll Freude gibt er auch gleich ein Festmahl, bei dem Jesus und seine Jünger, aber auch viele Zöllner und andere Gäste zu Tisch sind. Darüber empören sich die Pharisäer und die Schriftgelehrten. Nach ihrer Meinung darf sich ein Frommer nie mit Zöllnern und Sündern an einen Tisch setzen. Jesus dagegen erklärt ihnen, er sei gekommen, die Sünder zur Umkehr zu rufen, so wie die Kranken den Arzt brauchen, um geheilt zu werden.

Sind wir nicht oft rechte Pharisäer? Wenn Menschen aus einer anderen Gegend in unsere Gemeinde ziehen und unsere Bräuche nicht kennen, lassen wir sie dann links liegen wie die Pharisäer die Zöllner oder gehen wir auf sie zu? Wenn Neuzugezogene versuchen, in unserer Gemeinde Anschluss zu finden, nehmen wir sie dann ernst und lassen sie auch *ihre* Meinung sagen oder stellen wir sie dann ins Abseits nach dem Motto: Entweder sie passen sich uns an oder sie haben nichts zu sagen? Auf solche Weise verstoßen wir die Menschen aus der Glaubensgemeinde anstatt sie zu gewinnen.

Dabei sollten wir lieber bedenken, dass wir selber Sünder sind, die der Umkehr bedürfen.

Montag der 1. Woche in der Fastenzeit (Mt 25,31–46)

Dieses Gerichtsgleichnis geht wahrscheinlich auf die in Palästina damals übliche Scheidung der weißen Schafe und der schwarzen Ziegen zurück. Tagsüber weideten sie gemeinsam, nachts wurden sie getrennt, weil die Schafe frische Luft, die Ziegen dagegen Wärme suchen. Jesus spricht hier nicht nur von seinen Jüngern, sondern von allen Völkern. Es handelt sich also um ein Gericht über alle Menschen, nicht nur über die Jünger. Für alle Menschen aber gilt, dass sie in ihrem Gewissen die Pflicht zur gegenseitigen Verantwortung und zur Sorge füreinander kennen. Jene, die dieser Verantwortung gerecht geworden sind, werden von denen, die sich der Verantwortung für die Mitmenschen entzogen haben, getrennt. Während die Erstgenannten das Reich Gottes in Besitz nehmen dürfen, werden die anderen verflucht werden.

Der tiefste Grund dafür liegt darin, dass sich Christus, der Menschensohn, ausdrücklich mit den Bedürftigen identifiziert. In jedem Menschen begegnen wir *ihm*. Was wir einem Menschen tun oder antun, das tun wir Christus. Da haben wir wohl allen Grund, in uns zu gehen und unser Verhalten den anderen gegenüber zu ändern!

Dienstag der 1. Woche in der Fastenzeit (Mt 6,7–15)

Wenn wir beten, sollen wir „nicht plappern wie die Heiden, die meinen, sie werden nur erhört, wenn sie viele Worte machen." Wenn Heiden beteten, war es üblich, dass sie einen wahren Wortschwall losließen. Sie riefen ihre Götter mit unzähligen, bis zu fünfzig Namen und Titeln an, ehe sie zu ihrem eigentlichen Anliegen kamen. Durch den Aufwand an Worten glaubten sie, eher Gehör zu finden und die Götter zum Nachgeben zu bewegen.

Da sagt uns Jesus: „Euer Vater weiß, was ihr braucht, noch ehe ihr ihn bittet." Auch ist er nicht schwerhörig. Und weil er euch liebt, müsst ihr ihn nicht erst gnädig stimmen. Er ist doch jederzeit bereit, euch Gutes zu tun, wenn das, worum ihr bittet, gut ist.

Wir dürfen also mit größtem Vertrauen beten. Freilich ist Gott kein Kaugummiautomat, der immer das geben muss, was wir wollen, wenn wir nur ein Gebet hineingeworfen haben. Er ist ja nicht unser Knecht, der immer zu tun hat, was wir wollen, so dass wir beleidigt sein müssten, wenn nicht gleich jeder Wunsch in Erfüllung geht.

Abschließend lehrt er uns noch das Vaterunser. Dabei macht er uns bewusst, dass die Verherrlichung Gottes ebenso zu unserem Beten gehören soll wie das Bitten für uns selbst. Und dass wir nur dann auf Vergebung hoffen dürfen, wenn wir sie auch unserem Nächsten schenken.

Mittwoch der 1. Woche in der Fastenzeit (Lk 11,29–32)

Immer mehr Menschen strömen zu Jesus, aber unter ihnen sind viele verstockt und ohne Glaubensbereitschaft. Darum nennt er diese Generation böse. Sie haben miterlebt, wie er nicht nur machtvoll gepredigt, sondern auch Kranke geheilt und Dämonen ausgetrieben hat. Doch all das reicht ihnen nicht. Aber ein anderes Zeichen wird ihnen jetzt nicht gegeben. Wenn dann die Zeit gekommen ist, wird ihnen das Zeichen des Jona gegeben werden. Wie dieser nach drei Tagen aus dem Grab des Fischbauches gerettet wurde und zur Bußpredigt nach Ninive ging, damit sie sich bekehrten, so wird der Menschensohn nach seiner Auferstehung in Herrlichkeit zum Gericht wiederkommen. Dann wird sich keiner mehr seiner Macht entziehen können.

Die Königin des Südens kam nach Jerusalem, um die Weisheit Salomos zu hören. In Jesus aber ist einer gekommen, der mehr ist als Salomo. Und die Einwohner von Ninive haben sich nach der Predigt des Jona bekehrt. Jesus aber ist mehr als Jona. Trotzdem haben sich die Menschen dieser Generation nicht bekehrt. Damit fällen sie das Urteil über sich selbst.

Wir haben gerade jetzt in der Fastenzeit die Chance, umzukehren und Buße zu tun. Wollen wir diese Chance nützen?

Donnerstag der 1. Woche in der Fastenzeit (Mt 7,7–12)

Bitten nicht zu erhören, wäre schon un-menschlich. In einem Vergleich ermuntert uns Jesus zum Bittgebet. Menschen geben, obwohl sie böse sind, ihren Kindern, was gut ist. Wie viel mehr wird dann Gott, der uns liebt wie kein Mensch lieben kann, uns Gutes geben, wenn wir zu ihm rufen! Wohlgemerkt: Er wird uns nicht alles geben, worum wir bitten, sondern nur das Gute. Aber wenn wir auf Gott hin und in ihm leben, werden wir auch gar nichts anderes wollen.

Von uns aber wird verlangt, dass wir alles, was wir von anderen erwarten, auch ihnen tun. Das könnte bedeuten, dass ein Masochist seine Mitmenschen quälen darf, weil er selbst gequält werden will. Im Mund Jesu sind diese Worte aber nicht wertfrei. Sein Wertemaßstab ist ja die Nächstenliebe. Das bedeutet: Wie wir darauf vertrauen dürfen, dass der liebende Gott uns gibt, was gut ist, und wie wir erwarten, dass andere uns tun, was gut für uns ist, so sollen auch wir als Liebende den anderen tun, was für sie gut ist.

Freitag der 1. Woche in der Fastenzeit (Mt 5,20–26)

Jesus greift das fünfte Gebot des Dekalogs auf und macht deutlich, worum es dabei geht: Nicht nur um das Nicht-Töten, sondern um das *Leben*-Lassen. Wirklich leben kann der Mensch nur, wenn man ihm nicht die Luft nimmt, frei zu atmen, weil sich ihm die Kehle zuschnürt, wenn man ihm Frieden schenkt, damit sich sein Herz nicht verkrampft. Gott will, dass jeder Mensch froh und frei in Frieden leben kann. Deshalb nimmt er die Opfergabe von Menschen, die das nicht beachten, nicht an. Er weist uns von seinem Altar ab, er will nicht von uns geehrt werden, solange wir den Menschen nicht wohlgesonnen sind.

Ja, selbst wenn wir wissen, dass ein anderer, dem wir durchaus wohlgesonnen sind, etwas gegen uns hat, dann sollen wir zuerst versuchen, uns mit ihm zu versöhnen. Wir können nur Kinder Gottes sein, wenn wir auch miteinander als Brüder und Schwestern leben. Wie kann einer sich als Sohn oder Tochter des himmlischen Vaters betrachten, wenn er den anderen Kindern dieses Vaters, die dieser ebenso liebt, nicht gut sein will? Nun genügt es freilich nicht, diese Worte Jesu zu hören. Es kommt darauf an, die Konsequenzen daraus zu ziehen, den Willen zum Frieden ernsthaft in uns zu tragen und in die Tat umzusetzen. – Auch das gehört zu unserer Umkehr in der Fastenzeit.

Samstag der 1. Woche in der Fastenzeit (Mt 5,43–48)

Nach dem Alten Testament sollten die Israeliten ihren Nächsten lieben wie sich selbst. Dies bezog sich nur auf die Mitglieder des eigenen Volkes (vgl. Lev 19,18). Wenn die Israeliten in das Gelobte Land einzögen, sollten sie die Völker, die Gott ihnen auslieferte, der Vernichtung weihen (vgl. Dtn 7,1–3). Wir können uns leicht vorstellen, welche Einstellung das bei den Juden gegenüber den Nichtjuden hervorrief. Auf diesem Hintergrund spricht Jesus nun über den Umgang mit den Feinden. Er verkündet die Güte Gottes gegenüber seiner ganzen Schöpfung. Darum sind wir nur Söhne und Töchter unseres himmlischen Vaters, wenn wir es auch denen gut meinen, die uns als Feinde betrachten und sich so benehmen. Ihnen sollen wir zeigen, dass wir uns nicht als ihre Feinde verstehen, sondern ihnen wohlgesonnen sind. Das „Wie du mir, so ich dir" hat keinen Bestand vor den Augen Gottes. Denn so verhalten sich auch die Sünder und die Heiden. Wir aber sollen vollkommen sein wie unser himmlischer Vater.

Wenn wir Menschen das beherzigen wollen, wird unsere Welt ein neues Gesicht bekommen. Jesus *empfiehlt* uns solches Verhalten nicht, er *verlangt* es von uns, indem er fordert: Liebt eure Feinde!" Es ist Fastenzeit – Zeit für unsere Umkehr!

Montag der 2. Woche in der Fastenzeit (Lk 6,36-38)

Heute hören wir von Jesus, wie wir miteinander umgehen sollen. Wir sollen nicht übereinander richten und nicht verurteilen. Wir sollen dem anderen geben und einander die Schuld vergeben. Als Begründung nennt er voraus, wir sollen barmherzig sein, wie es auch unser Vater ist. Wer nicht barmherzig ist, benimmt sich ja nicht als Kind des Vaters im Himmel. Abschließend spricht er eine Warnung aus: So wie wir miteinander umgehen, so wird Gott als Richter mit uns umgehen. Wie wir den Nächsten behandeln, so wird Gott uns behandeln. Deshalb dürfen wir nicht über den anderen richten, wenn wir nicht wollen, dass über uns gerichtet wird. Wenn wir nicht verurteilt werden wollen, dann dürfen auch wir den anderen nicht verurteilen. Wenn wir wollen, dass Gott uns die Schuld erlässt, dann müssen auch wir einander die Schuld erlassen. Wenn wir aber geben, das heißt gut sind und Gutes tun, dann wird Gott uns in überfließendem Maß beschenken.

Wir wissen, wie rasch wir ein negatives Urteil über andere im Mund haben und wie schwer Vergebung fallen kann. Daran erkennen wir aber, wie weit wir noch von Gott weg sind, wie viel uns noch fehlt zur Barmherzigkeit Gottes. - Fastenzeit ist Zeit der Umkehr: auch für uns.

Dienstag der 2. Woche in der Fastenzeit (Mt 23,1-12)

Durch eine Ungenauigkeit in der Übersetzung (EÜ!) erscheinen hier die Pharisäer und Schriftgelehrten zu Unrecht in einem schlechten Licht, wenn da gesagt wird, dass sie den Menschen schwere Lasten auf die Schultern legen, selbst aber keinen Finger rühren, um die Lasten zu „tragen". Sie haben sich sehr wohl an die Erfüllung aller Überlieferungen gehalten. Das griechische Wort „kinein" heißt aber nicht tragen, sondern bewegen, wegschaffen. Der Vorwurf Jesu lautet also: dass sie nichts tun, um diese schweren Lasten wegzuschaffen, um die Menschen davon zu befreien. Gemeint sind die 613 Vorschriften, die den Geboten Gottes hinzugefügt worden waren und die zu erfüllen für das Volk geradezu unmöglich war. Von diesen Lasten hätten sie die Menschen befreien müssen. Aufgrund ihrer religiösen Autorität hätten sie die Möglichkeit dazu gehabt. Stattdessen ist ihnen wichtig, von allen Menschen geehrt und mit Hoheitstiteln angesprochen zu werden.

Wir aber, so Jesus, sollen nicht auf solche Titel aus sein, die uns in Menschen erster und zweiter Klasse einordnen. Wir alle nämlich sind Brüder und Schwestern. Nur einer ist unser Vater, der im Himmel, und nur einer ist unser Lehrer, Christus. Füreinander sollen wir Diener sein. Wer das nicht zur Kenntnis nimmt und sich als etwas Besseres gebärdet, der wird schließlich von Gott erniedrigt werden.

Mittwoch der 2. Woche in der Fastenzeit (Mt 20,17–28)

Jesus hatte den Jüngern gerade sein bevorstehendes Leiden und seine Auferstehung angekündigt. Da hat die Mutter zweier Apostel nichts Wichtigeres zu tun, als für ihre Söhne die ersten Plätze im Himmelreich zu erbitten. Als ob es im Gottesreich nicht anders zuginge als auf Erden, wo man um Posten und um Plätze an der Sonne schachert!

Da ruft Jesus die Jünger zusammen und belehrt sie: Jawohl, auf Erden gibt es solche Abstufungen unter den Menschen. Da gibt es Herrscher. Aber was machen sie? Sie unterdrücken ihre Völker. Und auf Erden gibt es Mächtige. Aber was tun sie? Sie missbrauchen ihre Macht über die Menschen. Im Himmel jedoch geht es nicht so zu. Da herrscht allein Gott – oder mit anderen Worten: Da herrscht allein die Liebe. Und da wird es gar keinen geben, der nicht von Liebe erfüllt ist. Deshalb müssen wir uns jetzt schon in die Liebe einüben. Wir müssen uns bemühen, einander als Dienende zu begegnen, denn die Liebe ist für den anderen da. Wie sollten wir aber einen Platz im Reich der Liebe, also bei Gott, bekommen, wenn wir nicht in der Liebe geübt wären? Der Menschensohn hat es uns selbst vorgelebt, was in Liebe dienen heißt. – Haben wir schon mit dem Üben begonnen?

Donnerstag der 2. Woche in der Fastenzeit (Lk 16,19–31)

In einer Beispielerzählung spricht Jesus zu uns vom Missbrauch des Reichtums und von der Hoffnung auf ausgleichende Gerechtigkeit im ewigen Leben. Er erzählt von einem Mann, der im Reichtum prassen kann. Und er tut es auch. Den armen Mann im gleichen Dorf nimmt er gar nicht zur Kenntnis. Der bekommt nicht einmal die Speisereste des Reichen. Lieber füttert der seine Hunde damit.

Wer jedoch so mit seinem Geld und Vermögen umgeht, sagt Jesus, ist in Wahrheit ein Gottloser und ein Riesendummkopf. Würde er auf Gott hören, hätte er ein Herz für den Armen. Wäre er auch nur halbwegs klug, so würde er an seine eigene Zukunft denken. So aber wird er nach seinem Tod wegen der Missachtung der Armen in seiner Umgebung in die Unterwelt verdammt werden. Von dort wird er freilich voller Neid und Reue die Armen im Schoß Abrahams, das heißt bei Gott im Himmel sehen. Doch nun ist es zu spät. Er hatte ein Leben lang Zeit, sich zu besinnen und umzukehren. Er kannte den Willen Gottes aus der Heiligen Schrift, aber er hat nicht auf Gott gehört.

Solange wir auf Erden leben, haben auch wir die Chance zur Umkehr. Werden wir uns ändern oder weiterhin nur für uns hamstern und das Leben jetzt in vollen Zügen genießen, um es am Ende für immer zu verlieren?

Freitag der 2. Woche in der Fastenzeit (Mt 21,33–43.45–46)

Beim Propheten Jesaja wird Israel mit einem Weinberg verglichen, dessen Eigentümer Gott ist. Er hat Israel religiöse Führer gegeben, die als Winzer seinen Weinberg hegen und pflegen sollten. Diesen Gedanken greift Jesus auf und erklärt den Pharisäern und den Ältesten: Zur Erntezeit sandte Gott seine Propheten, um seinen Anteil an den Früchten zu holen, das heißt um zu sehen, ob diese Führer das Volk auf Gottes Wegen geleitet haben oder wenigstens jetzt auf die Propheten hören werden. Doch was muss er erleben? Sie prügeln die Propheten und bringen sie um. Da schickt er andere Propheten, noch mehr als zuvor. Doch mit ihnen machen sie es genauso. Zuletzt schickt er seinen Sohn zu ihnen, doch ihm geht es nicht besser. – Dann fragt Jesus die aktuellen religiösen Führer Israels: Was wird der Herr des Weinbergs wohl nun mit diesen Winzern tun? Da sprechen sie sich ihr eigenes Urteil: „Er wird diesen bösen Menschen ein böses Ende bereiten und den Weinberg an andere Winzer verpachten."

Nun zieht Jesus die Schlussfolgerung: Diese bösen Winzer seid ihr. Ihr habt die Propheten ermordet, ihr habt schon im Sinn, selbst den Sohn zu ermorden. Euch wird das Reich Gottes weggenommen und einem anderen Volk gegeben, dem neuen Gottesvolk des Neuen Bundes.

Sehen wir also zu, dass wir Gott die Früchte bringen, die er von uns erwartet!

Samstag der 2. Woche in der Fastenzeit (Lk 15,1-3.11-32)

Im ersten Teil des Doppelgleichnisses vom barmherzigen Vater lässt sich der jüngere Sohn vorzeitig seinen Anteil auszahlen und verlässt das Vaterhaus. Nun probt er high-life, bis er alles durchgebracht hat. Vor Hunger nimmt er eine Stellung als Schweinehirt an, aber auch da geht es ihm nicht besser. Voll Reue kehrt er nach Hause zurück und bittet den Vater, ihn als Knecht zu beschäftigen. Er weiß, dass er es nicht verdient, wieder als Sohn anerkannt zu werden. – So gehen viele Menschen mit Gott um, sagt Jesus. Und wie verhält sich nun Gott? Sobald er sieht, dass ein Sünder sein bisheriges Leben bereut, eilt er ihm freudig entgegen und setzt ihn wieder als Sohn ein. So also geht Gott mit uns um, wenn wir reuig wieder zu ihm kommen. Was wir getan haben, zählt nicht mehr. Wir dürfen neu anfangen.

Der zweite Sohn aber, der dem Vater, d. h. Gott, immer treu gedient hat, hat kein Verständnis für die Güte des Vaters zu seinem Bruder. Zornig, voller Neid und Eifersucht macht er dem Vater Vorwürfe, weil er den anderen Sohn aus lauter Liebe wieder aufgenommen hat.

Freuen wir uns und danken wir Gott für seine Barmherzigkeit! Wir wissen nicht, wie sehr wir sie noch brauchen werden. Gehen wir zu ihm und bitten wir ihn um Vergebung für alles Gute, das wir unterlassen, und alles Böse, das wir getan haben!

Messe zur Auswahl in der 3. Woche der Fastenzeit
(Joh 4,5–42; mögliche Kürzung: V. 5–30.39–42)

Am Jakobsbrunnen kommt es zu einer überraschenden Kontaktaufnahme, denn normalerweise geben sich Juden und Samariter nicht miteinander ab. Aber die beiden, Jesus und die Frau, reden aneinander vorbei. Die Frau redet nur vom Brunnenwasser, Jesus von einem „lebendigen Wasser", das er anbietet und das den Durst des Menschen nach erfülltem, sinnvollem und beglückendem Leben für immer stillt. Dieses „lebendige Wasser" ist letztlich er selbst. Darum spendet dieses Wasser ewiges Leben. Sie aber denkt immer noch an das Brunnenwasser. Als Jesus das Gespräch auf ihre Männer bringt, hält sie ihn für einen Propheten. Schließlich gibt er sich als der Messias zu erkennen.

Die Jünger, immer noch in alten Denkmustern und Vorurteilen verhaftet, wundern sich, dass er mit einer Samariterin spricht. Da bringt die Frau andere Einwohner des Dorfes zu Jesus. Sie bitten ihn zu bleiben. Und nach zwei Tagen bekennen die Samariter: „Er ist wirklich der Retter der Welt." Auf das Wort der Frau hin waren sie zu ihm gekommen. Nachdem sie eigene Erfahrung mit ihm gemacht haben, glauben sie. Die Mission bei den Samaritern war erfolgreich. – Ist die Mission auch bei uns schon erfolgreich?

Montag der 3. Woche in der Fastenzeit (Lk 4,24–30)

Jesus hatte in der Synagoge seiner Heimatstadt aus dem Propheten Jesaja vorgelesen, den Text ausgelegt und großen Beifall gefunden. Von seiner geistgewirkten Herkunft und seiner Gottessohnschaft wissen sie freilich nichts. Deshalb meinen sie, das sei doch der Sohn Josefs, einer von ihnen, also nichts Besonderes. Da kommt Jesus ihrem Ansinnen, er solle als Bestätigung für sein Auftreten ein Wunder wirken, voraus. Er wirkt keine Wunder zu seiner Selbstbestätigung. Er will in Nazaret nur das Wort Gottes verkünden. Das aber interessiert sie nicht. Darum sagt er: „Kein Prophet wird in seiner Heimat anerkannt." Und er provoziert sie noch mit dem Hinweis, dass in den Jahren der Hungersnot der Prophet Elija zu keiner Witwe in Israel gesandt wurde, sondern nur zu einer Witwe im heidnischen Sidon. Und dass der Prophet Elischa keinen Aussätzigen in Israel geheilt hat, sondern nur einen Syrer. Damit deutet er an, dass das Heil Gottes von den Juden weg auf die Heiden übergehen wird. Nun hat er das Fass der Wut zum Überlaufen gebracht. Sie springen auf, treiben ihn aus der Stadt hinaus und wollen ihn den Abhang des Berges hinabstürzen. Er aber schreitet in der Erhabenheit des Gottessohnes ruhig durch die Menge hindurch und geht weg.

Dienstag der 3. Woche in der Fastenzeit (Mt 18,21–35)

In uns allen steckt wohl ein wenig von diesem Petrus, der da fragt, wie oft er seinem Bruder vergeben müsse, wenn der ihn tief beleidigt oder ihm Anlass zu Rachegefühlen gegeben oder sonst Böses getan habe. Er schlägt vor: siebenmal. Die Sieben ist im Alten Testament die Zahl der Vollständigkeit. Wenn er also siebenmal vergeben hätte, müsste er doch vollständig vergeben haben. Jesus aber ist damit nicht zufrieden. Er treibt die Vergebungsbereitschaft auf die Spitze und fordert: siebenundsiebzigmal, das heißt: unbegrenzt, ohne Ende. In diesen Zahlen erkennt Petrus noch einen Hinweis auf das Alte Testament. Dort war jedem, der Kain erschlägt, siebenfache Rache zugesagt worden (Gen 4,15). Lamech jedoch drohte jedem, der gegen ihn auftreten würde, siebenundsiebzigfache Rache an. Solch maßlose Bosheit der Menschen machte immer wieder Gottes Heilswillen zunichte. Jesus dreht nun den Spieß um und verlangt von uns statt maßloser Rache maßlose Vergebung. Dann erzählt er das Gleichnis von einem König und seinen Dienern, deren einer, trotz erfahrener Vergebung durch den Herrn, seinem Mitknecht nicht vergeben will. Als der König davon erfährt, ist es mit seiner Barmherzigkeit zu Ende. Und ebenso, sagt Jesus, wird der himmlische Vater jeden von uns behandeln, der seinem Bruder oder seiner Schwester nicht von ganzem Herzen vergibt.

Mittwoch der 3. Woche in der Fastenzeit (Mt 5,17–19)

Wenn Jesus sagt, dass er gekommen sei, dann meint er damit immer seine Sendung. Er ist nicht einfach gekommen, wie man zu einem anderen auf Besuch kommt, sondern er ist vom Vater gesandt worden. Damit stehen hinter seinem Tun und Reden die Autorität und der Wille des Vaters. Der aber, der den Menschen das Gesetz, die Zehn Gebote, und die Propheten gegeben hat, kann ihn nicht senden, um sie *aufzuheben*, außer Kraft zu setzen. Vielmehr ist er gekommen, um sie zu *erfüllen*. Das bedeutet: In seiner Botschaft und in seinem Leben werden Gesetz und Propheten *vollkommen* gemacht.

Es wäre zu wenig, Gottes Gesetze nur buchstabengetreu zu befolgen aus Angst vor Strafe. Vielmehr muss die Liebe im Mittelpunkt aller Gesetzeserfüllung stehen. Aus Liebe zu Gott und zu den Menschen sollen wir Gottes Wort befolgen. So erfüllen wir ihren Sinn. Wer von der Liebe erfüllt ist und aus ihr lebt, wird nichts von dem, was Gott und den Menschen gegenüber gut und gerecht ist, vernachlässigen wollen.

Donnerstag der 3. Woche in der Fastenzeit (Lk 11,14–23)

Nachdem Jesus einen Mann von einem Dämon befreit hatte, staunen die Leute, einige aber meinen, er würde das nur mit Hilfe des Anführers der Dämonen tun. Jesus durchschaut ihre Gedanken und reagiert zunächst mit einem Bildwort: Ein Reich, das in sich gespalten ist, kann nicht bestehen. So könnte auch Satans Macht nicht bestehen, wenn sie in sich gespalten wäre. Satan würde dann sich selbst bekämpfen. Dies aber wäre der Fall, wenn Jesus mit seiner Hilfe die Dämonen austriebe. Also bleibt nur die Alternative, dass in seinem Wirken Gott selbst eingreift und die Menschen von den Dämonen befreit. Das bekräftigt er mit den Worten: „Wenn ich aber durch den Finger Gottes die Dämonen austreibe, dann ist das Reich Gottes schon zu euch gekommen." Gott ist der Stärkere, der den Satan entwaffnet. Dazu ist Jesus in die Welt gekommen. Daran erkennen wir, dass Gott es gut mit uns meint, dass er unsere Rettung von der Verfallenheit an das Böse will und auch die Macht dazu hat. Wer sich auf die Seite Gottes stellt, hat gewonnen, hat durch Christus gewonnen, der gekommen ist, uns von dem Bösen zu erlösen. – Dankbarkeit wäre unsererseits eine gute Antwort.

Freitag der 3. Woche in der Fastenzeit (Mk 12,28b-34)

Dieser Schriftgelehrte war offensichtlich der Meinung, dass nicht alle Gebote gleich wichtig sein könnten. Es liegt ja auf der Hand, dass die Vorschrift, den zehnten Teil von Dill und Minze abzuliefern nicht dasselbe Gewicht haben kann wie das Gebot, nicht zu töten.

In seiner Antwort verweist Jesus den Gesetzeslehrer auf das Liebesgebot. Weil Gott Gott ist, kann die Antwort des Menschen nur totale Hingabe an ihn sein, also Liebe aus ganzem Herzen, ganzer Seele, mit allen Gedanken und aller Kraft; dazu aber die Liebe zum Nächsten wie zu sich selbst. Alles Gute, das der Mensch tun kann, ist Konsequenz aus solcher Liebe. Vernachlässigung des Gutes aber ist ein Zeichen von Liebesmangel.

Der Schriftgelehrte ist dankbar für diese Antwort und wiederholt sie gleich. Darauf erwidert Jesus: „Du bist nicht fern vom Reich Gottes."

Wie steht das mit uns? Wie nah oder fern wir dem Reich Gottes sind, ergibt sich ganz einfach daraus, wie wir es mit der Liebe zu Gott und der Liebe zu den Menschen halten.

Samstag der 3. Woche in der Fastenzeit (Lk 18,9-14)

Zwei Menschen beten im Tempel. Beide scheinen fromm zu sein, sonst würden sie ja nicht beten. Interessant sind freilich die Inhalte ihrer Gebete.

Der eine singt Gott eine Lobeshymne auf sich selbst vor. Gott kann ja wirklich froh sein, dass er einen solch großartigen Menschen wie ihn hat. Ein wahrer Ausbund an Tugend und Frömmigkeit! Ein Mann ohne Fehl und Tadel, noch besser als alle Heiligen zusammen, denn die wussten alle, dass sie Sünder sind. Damit verbindet er auch gleich seine Verachtung für die anderen Menschen, z. B. den Zöllner, der auch dort betet.

Dieser bleibt bescheiden ganz hinten stehen. Er nennt nichts, womit er sich brüsten könnte, er erkennt die Schuld, mit der er vor Gott steht. Er vergleicht sich nicht mit anderen, er bittet nur ganz schlicht: „Gott, sei mir Sünder gnädig!"

Das Urteil Jesu: Der reuige Sünder findet Gefallen bei Gott. Ihm wird vergeben.

Mit welchem der beiden können wir uns vergleichen? Lauern wir anderen auf, um ihre Fehler zu entdecken und mit dem Finger auf sie zu zeigen? Neigen wir dazu, uns vor Gott groß zu machen? Oder gehen wir zu Gott mit der Bitte, unsere Sünden zu vergeben?

Messe zur Auswahl in der 4. Woche der Fastenzeit
(Joh 9,1–41; Kurzfassung Joh 9,1.6–9.13–17.34–38)

In dieser Erzählung beschreibt der Evangelist den Weg des Menschen hin zum vollen Glaubensbekenntnis. Jesus sieht einen Mann, der seit seiner Geburt blind ist. Er hat also keine Aussicht auf menschliche Heilung. Aber Jesus wendet sich diesem Mann zu. An ihm soll der Heilswille Gottes offenbar werden. Wenn Jesus dem Mann einen Teig mit Speichel auf die Augen streicht, so geht er damit auf das damalige Denken ein. In der Antike galt nämlich Speichel als Heilmittel gegen Augenkrankheit. Auch das Waschen im Teich Schiloach hat seinen Grund: Schiloach heißt auf Deutsch „der Gesandte". Durch Jesus, den Gesandten Gottes, wird der Blinde sehend. Die Heilung war aber an einem Sabbat geschehen.

Die Nachbarn des Geheilten werden darauf aufmerksam und bringen ihn zu den Pharisäern. Diese geraten in Streit miteinander, denn die einen sagen, Jesus „kann nicht von Gott sein, weil er den Sabbat nicht hält", die anderen meinen, ein Sünder könne solches nicht tun. Dann befragen sie den Geheilten nach *seiner* Meinung über Jesus. Anfangs hatte er nur gesagt, „der Mann, der Jesus heißt", dann nannte er ihn einen „Propheten", schließlich stellte er fest, dass Jesus „den Willen Gottes tut" und „von Gott" ist. Immer weiter sind ihm die Augen aufgegangen, bis er ihn schließlich niederfallend als den Menschensohn und Herrn bekennt.

Wenn wir Jesus als den Herrn bekennen, vor dem wir niederknien, dann glauben wir.

Montag der 4. Woche in der Fastenzeit (Joh 4,43–54)

Ein königlicher Beamter, dessen Sohn im Sterben liegt, hört von der Rückkehr Jesu aus Judäa nach Galiläa. Da sucht er Jesus auf und bittet ihn, zu kommen und seinen Sohn zu heilen. Aus der Antwort Jesu „Wenn ihr nicht Zeichen und Wunder seht, glaubt ihr nicht" spricht harsche Kritik an der Wundersucht vieler Menschen. Der Mann gibt sich damit nicht zufrieden und bittet Jesus: „Komm herab, ehe mein Kind stirbt!" Jesus geht aber nicht zum Haus des Beamten, sondern antwortet ihm: „Geh, dein Sohn lebt!" Mit dieser Fernheilung wird die Wirkmacht Jesu noch gesteigert. Der Mann glaubt Jesus und macht sich auf den Heimweg. Unterwegs schon kommen ihm seine Diener mit der frohen Kunde entgegen: „Dein Junge lebt." Welch eine Freude! Jetzt gibt es für die Familie keine andere Entscheidung mehr, der Beamte wird mit seinem ganzen Haus gläubig. Er hatte ja schon vorher geglaubt, dass ihm Jesus helfen könne, deshalb hatte er ihn aufgesucht. Er hat auch seinem Wort geglaubt: „Geh, dein Sohn lebt!" Nun aber hat er zum Vollmaß des Glaubens gefunden.

Die Kritik Jesu an der Wundersucht der Menschen dürfen wir uns getrost zu Herzen nehmen. Denn auch unter uns heutigen Christen gibt es immer noch solche, die, anstatt schlicht und einfach dem Evangelium und der Verkündigung der Kirche zu glauben, auf der Suche sind nach ständig neuen wundersamen frommen Geschichten. Und es gibt auch jene, die solche Menschen mit derlei Geschichten füttern.

Dienstag der 4. Woche in der Fastenzeit (Joh 5,1–16)

In Jerusalem sieht Jesus einen Mann, der schon 38 Jahre krank ist, am Teich Betesda liegen. Mit der Frage „Willst du gesund werden?" weckt er Hoffnung in dem Kranken. Der Mann klagt, dass er niemand habe, der ihn rechtzeitig in den Teich trägt. Ganz von sich aus, ohne um Heilung gebeten worden zu sein, fordert Jesus den Kranken auf: „Steh auf, nimm deine Bahre und geh!" Da steht der Mann auf und trägt seine Bahre nach Hause. Aber dieser Tag war ein Sabbat. Die Juden machen ihn darauf aufmerksam, dass er am Sabbat seine Bahre nicht tragen darf. Er rechtfertigt sich mit dem Hinweis auf den Befehl dessen, der ihn geheilt hat. Allerdings kann er nicht sagen, wer es gewesen ist, denn er kannte Jesus nicht.

Als Jesus den Mann später im Tempel trifft, ermahnt er ihn: „Jetzt bist du gesund; sündige nicht mehr, damit dir nicht noch Schlimmeres zustößt!" Der Auftrag Jesu ist ja, den ganzen Menschen heil zu machen. Durch die Sünde könnte der Mann aber das Entscheidende, das ewige Heil verspielen.

Das aber gilt nicht nur für diesen Geheilten. Es gilt für uns alle. Wir dürfen nicht nur um die Gesundheit unseres Körpers besorgt sein. Es geht um mehr. Es geht um das ewige Leben.

Mittwoch der 4. Woche in der Fastenzeit (Joh 5,17–30)

Die Juden haben in ihren eigenen Augen allen Grund, Jesus zu töten, denn er heilt am Sabbat Kranke und nennt Gott seinen Vater; damit stellt er sich Gott gleich.

Nun kommt es zu einem Streitgespräch, in dem Jesus bekräftigt, dass er Gottes Sohn ist. Er tut nichts ohne den Vater. In *seinem* Handeln können die Menschen das Handeln des *Vaters* erkennen. Er heilt nicht nur Kranke, sondern macht Tote lebendig. Dies ist der Wille des Vaters, weil der Vater die Menschen liebt. Wer darum den Sohn nicht ehrt, der ehrt auch den Vater nicht. Wer *seinem* Wort glaubt, der glaubt dem *Vater*. Deshalb zeigt sich am Verhalten dem Sohn gegenüber der Glaube oder Unglaube gegenüber dem Vater.

Das Auftreten Jesu ruft die Menschen in die Entscheidung. Selbst das Gericht hat der Vater dem Sohn übertragen. Alle, die seine Botschaft angenommen und die Liebe in ihrem Leben verwirklicht haben, werden zum ewigen Leben auferstehen.

Ausgangspunkt dieser Rede ist die Einsicht, dass die Juden ihn töten wollen. Deshalb spricht er hier bereits *seine* Auferstehung als Voraussetzung für die Auferstehung der Toten an.

Donnerstag der 4. Woche in der Fastenzeit (Joh 5,31–47)

Jesus gerät den Juden gegenüber in Beweisnot. Er soll sich als wahrer Bote Gottes legitimieren. Nach dem Gesetz wären dazu zwei Zeugen nötig, ein Zeugnis über sich selbst genügt nicht. Er führt mehrere Zeugen an: Johannes den Täufer, seine Werke, die Schrift, Mose, vor allem den Vater. Aber alle diese Zeugnisse können nur im Glauben angenommen werden. Wenn sie nicht glauben *wollen*, dann werden sie die Werke, die er getan hat, nicht akzeptieren und ebenso wenig die biblischen Zeugen, nicht einmal den Vater, in dessen Auftrag und Vollmacht er alle seine Werke vollbringt.

Sie erforschen zwar die Schrift, aber sie verstehen sie nicht oder wollen sie nicht verstehen, sonst hätten sie längst erkannt, dass die ganze Schrift Zeugnis für ihn ablegt.

Freitag der 4. Woche in der Fastenzeit (Joh 7,1-2.10.25-30)

Die Tatsache, dass die oberste Behörde vor dem großen Laubhüttenfest das öffentliche Auftreten Jesu zulässt, löst im Volk die Frage aus, ob er etwa doch der Messias sei. Doch die Menschen beantworten sich die Frage selbst: Er kann es nicht sein, denn vom Messias weiß niemand, woher er stammt, von diesem aber wissen wir es. Sie meinen ja, er stamme von Josef. Jesus reagiert darauf mit dem Ausruf: „Ihr kennt Gott nicht." Das war für die Ohren der Juden, zumal ihrer Obrigkeit, eine Ungeheuerlichkeit. Sie, die doch auf dem Lehrstuhl des Mose sitzen, sie sollen Gott nicht kennen! Ein massiver Angriff auf ihre Autorität.

Doch Jesus beantwortet die Frage nach seiner Herkunft hintergründiger als Frage nach seinem *wahren* Wesen. Dieses ist in seiner Herkunft von Gott begründet. Gott ist sein eigentliches Woher. Weil aber die Juden keine Erkenntnis Gottes haben, können sie auch Jesu eigentliche Herkunft nicht erkennen. Diese Erkenntnis erschließt sich nur dem Glaubenden. Mit ihrem Plan, ihn festzunehmen, deutet sich schon der Beginn des Leidensweges an.

Samstag der 4. Woche in der Fastenzeit (Joh 7,40-53)

Die Hohenpriester und die Pharisäer hatten die Tempelpolizei geschickt, um Jesus festnehmen zu lassen. Im Volk sind unterdessen Streitigkeiten darüber ausgebrochen, wer Jesus sei. Einige meinen, er ist der Prophet, andere sagen, er ist der Messias. Wieder andere halten entgegen, der Messias kommt aus Betlehem, der Stadt Davids. Dieser aber kommt aus Galiläa.

Endlich kommt die schon vor Tagen ausgesandte Tempelpolizei zurück, aber ohne Jesus. Ungewollt waren sie Zeugen seiner außergewöhnlichen Autorität geworden. Darum sagen sie zu ihrer Entschuldigung: „Noch nie hat ein Mensch so gesprochen." Für die Hohenpriester und die Pharisäer aber ist er ein Volksverhetzer. Gebildete Theologen wie sie fallen nicht auf ihn herein. Nun verfluchen sie das einfache Volk und zeigen damit ihr menschenverachtendes Denken. Da macht sie einer der eigenen Leute, Nikodemus, darauf aufmerksam, dass sie in ihrem Herzen im Begriff sind, selbst gegen das Gesetz, auf das sie sich immer berufen, zu verstoßen. Denn niemand darf verurteilt werden, ehe man ihn verhört und festgestellt hat, was er tut. Sie lassen sich darauf gar nicht ein, sondern stellen nur fest: „Der Prophet kommt nicht aus Galiläa."

Messe zur Auswahl in der 5. Woche in der Fastenzeit
(Joh 11,1–45)

Als Jesus im Trauerhaus ankommt, ist Lazarus schon vier Tage im Grab. Nach jüdischer Auffassung wartet die Seele nach dem Tod eines Menschen noch drei Tage, ob sie in den Leib zurückkehren könne. Am vierten Tag entfernt sie sich endgültig und es beginnt die Verwesung. Damit will der Evangelist deutlich machen, dass Lazarus wirklich tot war. Als Marta erfährt, dass Jesus kommt, geht sie ihm entgegen und sagt: „Wärst du hier gewesen, dann wäre mein Bruder nicht gestorben. Aber auch jetzt weiß ich: Alles, worum du Gott bittest, wird Gott dir geben." Welch ein Vertrauenserweis liegt in diesen Worten! Jesus antwortet: „Dein Bruder wird auferstehen." Daraufhin legt Marta ein allgemeines Bekenntnis zur Auferstehung der Toten am Letzten Tag ab. Da antwortet Jesus: *„Ich bin* die Auferstehung und das Leben." In ihm ist das Leben selbst unter den Menschen. Schließlich lässt sich Jesus zum Grab führen. Als er sich mit dem Tod konfrontiert sieht, weint er. Er sieht sich in Gedanken schon mit seinem eigenen Tod konfrontiert, denn seine Gefangennahme steht bevor. Dann lässt er das Grab öffnen. Er wird darauf hingewiesen, dass der Verstorbene nach vier Tagen bereits riecht. Er erinnert an sein Wort: „Wenn du glaubst, wirst du die Herrlichkeit Gottes sehen." Dann dankt er dem Vater und ruft Lazarus heraus. Der kommt aus der Grabhöhle. Jesus befiehlt nur: „Löst ihm die Binden und lasst ihn weggehen!" Sein Wort hat sich bewahrheitet: „Ich bin die Auferstehung und das Leben."

Montag der 5. Woche in der Fastenzeit
in den Lesejahren A und B (Joh 8,1–11)

Während Jesus im Tempel lehrt, bringen die Schriftgelehrten und die Pharisäer eine Frau zu ihm, die auf frischer Tat beim Ehebruch ertappt worden war. Sie stellen fest, dass die Frau nach dem Gesetz gesteinigt werden muss. Demnach muss sie verlobt gewesen sein. Nach seiner Meinung befragt, durchschaut er die Fangfrage. Plädiert er für Milde, so stellt er sich gegen das Gesetz. Plädiert er für das Gesetz, so widerspricht er seiner eigenen Lehre von der erbarmenden Liebe Gottes und der menschlichen Pflicht zur Vergebungsbereitschaft. Er bleibt völlig gelassen und schreibt etwas mit dem Finger auf die Erde. Dann richtet er sich auf und sagt: „Wer von euch ohne Sünde ist, werfe den ersten Stein auf sie!" Nacheinander gehen alle fort. Nun nimmt er Kontakt mit der Frau auf: „Hat dich keiner verurteilt?" – „Auch ich verurteile dich nicht." Damit gibt er der Frau eine Chance zu einem neuen Anfang. Wie ihr Weg in die Zukunft ausschauen soll, skizziert er sofort mit der Mahnung: „Sündige von jetzt an nicht mehr!" Er redet die Sünde nicht klein. Was sie getan hat, ist schlimm genug. Gott vergibt unsere Schuld, wenn wir bereuen. Aber er erwartet, dass wir umkehren und uns ändern.

Montag der 5. Woche in der Fastenzeit
im Lesejahr C (Joh 8,12–20)

Aus der Selbstaussage Jesu „Ich bin das Licht der Welt" ergibt sich notgedrungen ein Streitgespräch mit den Pharisäern. Denn für sie war die Tora, ihr Gesetz, das Licht, das jeden Menschen erleuchtet, weil es von Jahwe-Gott gegeben war. Also stand seine unüberbietbare Autorität hinter dem Gesetz. Das Wort Jesu könnten sie nur akzeptieren, wenn sie akzeptieren würden, dass er von Gott kommt und Gottes Sohn ist.

Licht ist ein Ursymbol für geglücktes, sinnerfülltes Leben. Mit seiner Aussage erhebt Jesus den Anspruch, selbst sinnerfülltes, unzerstörbares Leben zu schenken. Licht bedeutet nichts weniger als das Heil schlechthin. Weil nun das Licht keine Sache ist, sondern eine Person, kann der Mensch das Licht des Lebens nur in der persönlichen Bindung an diese Person, an Jesus Christus, empfangen. Deshalb kann Jesus sagen: „Wer mir nachfolgt, wird nicht in der Finsternis umhergehen, sondern wird das Licht des Lebens haben."

Daraus gilt es nun die Konsequenzen zu ziehen – auch für uns. Gott hat uns in seinem menschgewordenen Sohn auf Erden vorgelebt, wie geglücktes, in die Ewigkeit hinein gerettetes Leben aussieht. Ihm gilt es nachzufolgen, wollen wir das ewige Heil, das Gott uns anbietet, gewinnen.

Dienstag der 5. Woche in der Fastenzeit (Joh 8,21–30)

Im Gespräch mit den Pharisäern spricht Jesus über seine Zukunft. Mit dem Fortgehen meint er Tod und Auferstehung. Zugleich sind es Gerichtsworte über die Pharisäer, denn er erklärt ihnen: „Wohin ich gehe, dorthin könnt ihr nicht gelangen." Wegen ihrer Verstocktheit in der Sünde, d. h. im Unglauben, können sie nicht zum Vater im Himmel gelangen. Sie aber meinen, er spreche davon, dass er sich umbringen wolle. Größer kann ihr Unverständnis gar nicht mehr sein. Mit ihnen ist für Jesus kein Dialog mehr möglich. Deshalb antwortet er auf die Frage: „Wer bist du?" nur noch resignierend: „Warum rede ich überhaupt noch mit euch?"

Er sagt ihnen voraus, dass sie den Menschensohn erhöhen werden, d. h. am Kreuz aufrichten werden. Dann wird ihre letzte Chance sein, wenn sie wenigstens an seiner Auferstehung erkennen, dass der Menschensohn in Wahrheit der Sohn Gottes ist.

Der Mensch kann auch seine letzte Chance, zum Glauben zu kommen, verspielen. Dann stirbt er im Unglauben, in der bewussten Ablehnung Gottes. Und dann trifft für ihn zu, was Jesus den Pharisäern sagt: „Wohin ich gehe, dorthin könnt ihr nicht gelangen."

Mittwoch der 5. Woche in der Fastenzeit (Joh 8,31–42)

Heute spricht Jesus zu *den* Juden, die an ihn glauben. Wenn sie in seinem Wort bleiben, sind sie wirklich seine Jünger. Dann werden sie in der Wahrheit bleiben und die Wahrheit wird sie frei machen. Erstaunt stellen sie fest, dass sie Nachkommen Abrahams und noch nie Sklaven gewesen sind. Also sind sie schon frei.

Nun stellt er klar, dass er nicht von der äußeren Freiheit spricht. Wer nämlich unter der Herrschaft der Sünde steht, ist Sklave der Sünde. Aus dieser Sklaverei kann aber nur einer sie befreien, eben er, der Sohn Gottes. Dann erst sind sie wirklich frei.

Aber das Wort, das sie zunächst angenommen hatten, haftet nicht in ihnen. Deshalb werden sie ihn töten. Daran können sie erkennen, dass in Wahrheit nicht Abraham ihr Vater ist. Vielmehr vollbringen sie die Werke *ihres* Vaters. Nun bekunden sie, dass Gott ihr Vater ist. O nein, erwidert Jesus, wäre Gott euer Vater, dann würdet ihr mich lieben. Wer also ist dann ihr Vater? Die Antwort darauf gibt Jesus zwei Verse später, die heute nicht mehr zur Lesung gehören: „Ihr habt den Teufel zum Vater, und ihr wollt das tun, wonach es euren Vater verlangt."

Donnerstag der 5. Woche in der Fastenzeit (Joh 8,51–59)

Jesus verheißt den Juden: „Wenn jemand an meinem Wort festhält, wird er auf ewig den Tod nicht schauen." Nun meinen die Juden, er müsse vom Teufel besessen sein, denn Abraham und die Propheten sind gestorben. Was macht er aus sich selbst? Ist er größenwahnsinnig geworden? Da wirft er ihnen vor, dass sie Gott nicht kennen, sonst würden sie ihm glauben. Abraham aber jubelte, weil er das Kommen des Menschensohnes, sein Kommen am Letzten Tag sah. Und in Jesus ist nun der Messias bereits anwesend. Sie sind aber taub für das, was er zu ihnen sagt, und entgegnen ihm, dass er noch keine fünfzig Jahre alt ist und Abraham gesehen haben will. Darauf antwortet er mit Hinweis auf seine ewige Präexistenz: „Noch ehe Abraham wurde, bin ich." Jetzt reicht es ihnen, sie heben Steine auf, um sie auf ihn zu werfen. Er aber verbirgt sich und verlässt den Tempel.

Für uns wird entscheidend sein, was die Juden versäumten: dass wir an seinem Wort festhalten, uns nicht irre machen lassen, sondern sein Wort und den Glauben an ihn fest in unserem Herzen bewahren.

Freitag der 5. Woche in der Fastenzeit (Joh 10,31–42)

In den Lesungen dieser Tage spüren wir schon, dass es nicht mehr lange bis zur Festnahme Jesu dauern kann. Die Juden wollen Jesus wegen Gotteslästerung steinigen. In seiner Verteidigung zitiert Jesus aus Psalm 82, wo es heißt: „Ich habe gesagt: Ihr seid Götter, ihr alle seid Söhne des Höchsten" (V. 6). Daraus folgert er: Wenn das in der Schrift von jenen Menschen gesagt wurde, und wenn die Schrift nicht aufgehoben werden kann, dann dürft ihr von mir nicht sagen, ich lästere Gott, weil ich gesagt habe, dass ich Gottes Sohn bin.

Nun könnte der Eindruck entstehen, Jesus würde sich nur in übertragenem Sinn als Gottes Sohn verstehen wie alle Israeliten auch. Deshalb fügt er hinzu, dass seine Werke, die er tut, bezeugen, dass er mit dem Vater eins ist, dass in ihm der Vater ist und er im Vater ist.

Da sie ihn nun festnehmen wollen, entzieht er sich ihrem Zugriff, indem er Jerusalem verlässt und an die andere Seite des Jordan geht.

An der Frage, ob Jesus wahrhaft Gottes Sohn ist, entscheidet sich von Anfang an der Glaube. Wäre er nur ein besonders frommer und geistbegabter Mann, so wäre er ein Religionsstifter wie andere auch. Weil er aber Gottes Sohn ist, gebührt ihm göttliche Verehrung, Glaube und Gehorsam.

Samstag der 5. Woche in der Fastenzeit (Joh 11,45–57)

Jesus hatte Lazarus von den Toten auferweckt. Aufgrund dieser und anderer Taten ist der Hohe Rat besorgt, am Ende würden alle Juden an *ihn* glauben und *ihnen* die Gefolgschaft verweigern. Um diesem Dilemma zu entkommen erklärt der Hohepriester Kajaphas, es wäre doch besser, wenn ein einziger Mensch, nämlich Jesus, für das Volk stirbt, als dass das ganze Volk sich von ihnen abwendet und den neuen Glauben annimmt. Nun stand für sie fest, dass Jesus getötet werden müsse.

Damit hatte Kajaphas prophetisch vorhergesagt, dass das Sterben Jesu ein Sterben für das Volk sein werde. Tatsächlich ist er freilich nicht nur für das Volk der Juden, sondern für alle Menschen gestorben, um die Menschheit als das *neue* Volk Gottes zu sammeln.

Auch für uns ist er gestorben und hat uns dadurch die Tür zum ewigen Leben aufgeschlossen. Deshalb beten wir in diesen Tagen besonders den Kreuzweg und den schmerzhaften Rosenkranz.

Montag in der Karwoche (Joh 12,1–11)

Sechs Tage vor dem Paschafest ist Jesus wieder zu Gast bei Lazarus und seinen Schwestern. Maria nimmt ein Pfund kostbares Nardenöl und salbt Jesus die Füße. Ähnlich wie bei der Hochzeit zu Kana, wo Jesus 500 bis 700 Liter Wasser zu Wein werden lässt, fällt auch hier das Übermaß auf. Der Preis für dieses Öl hätte ungefähr zehn Monatsverdienste ausgemacht. Damit sagt der Evangelist: Wo Jesus ist, wird zu Recht jedes Maß gesprengt. Nichts reicht aus, um ihn gebührend zu ehren, ihm allein gebührt maßlose Liebe. Diese Erzählung darf nicht mit der Salbung Jesu durch die Sünderin im Haus des Pharisäers verwechselt werden. Maria, die Schwester des Lazarus, ist nicht mit Maria Magdalena gleichzusetzen.

Der Protest des Judas Iskariot zeigt, dass er die Einzigkeit Jesu nicht erkannt hat und ihn eben nicht maßlos liebt.

Jesus erwidert dem Judas, man solle die Maria gewähren lassen, damit sie es für den Tag seines Begräbnisses tue. Seine Gedanken kreisen bereits um das bevorstehende Leiden, und die Jünger will er immer wieder darauf vorbereiten. Er, dem alle Verehrung und Liebe der Menschen zukäme, er wird von den Menschen zu Tode gebracht werden.

Dienstag in der Karwoche (Joh 13,21–33.36–38)

Während eines gemeinsamen Mahles erklärt Jesus den Jüngern, einer von ihnen werde ihn verraten. Aus der Ratlosigkeit der Jünger heraus fragt einer: „Herr, wer ist es?" Die Antwort Jesu: „Der, dem ich den Bissen Brot, den ich eintauche, geben werde." Dann taucht er das Brot ein, gibt es dem Judas Iskariot und fordert ihn auf: „Was du tun willst, das tu bald!" Die Jünger verstehen diese Rede Jesu nicht, Judas aber sehr wohl. Auf der Stelle verlässt er das Haus.

Zu den anderen Jüngern spricht Jesus nun von seiner Verherrlichung und von der Verherrlichung des Vaters. Er werde nur noch kurze Zeit bei ihnen sein. Simon Petrus will wissen, wohin er geht. Darauf antwortet Jesus, dass sie ihm jetzt dorthin nicht folgen könnten, sehr wohl aber später. Auf die Beteuerung des Petrus, er wolle sein Leben für Jesus hingeben, bekommt er die Antwort: „Du willst für mich dein Leben hingeben? ... Noch bevor der Hahn kräht, wirst du mich dreimal verleugnen."

So nahe können Heldenmut und Versagen beisammen sein, wenn die Angst den Menschen ergreift. Wir wissen allerdings auch, dass Petrus später in Rom tatsächlich sein Leben für Christus hingegeben hat.

Mittwoch in der Karwoche (Mt 26,14–25)

Judas Iskariot bietet den Hohenpriestern ein Geschäft an. Er liefert ihnen Jesus aus, wenn sie gebührend dafür zahlen. Sie bieten dreißig Silberstücke, er schlägt ein, das Geschäft ist abgeschlossen. Danach ist er wieder im Kreis der Jünger bei Jesus. Am Abend sind sie zum Mahl versammelt. Da sagt Jesus unvermittelt: „Einer von euch wird mich verraten und ausliefern." Das muss ein Schock für Judas gewesen sein. Der Herr weiß es, aber woher? Es ist sein übernatürliches Wissen. Betroffen fragen sie nacheinander: „Bin ich es etwa, Herr?"

Jesus antwortet nicht direkt, er sagt zu allen: „Der die Hand mit mir in die Schüssel getaucht hat, wird mich verraten." Der Menschensohn, erklärt er, muss zwar den Weg gehen, auf den ihn der Vater gewiesen hat. Doch für den, der ihn verraten hat, „wäre es besser, wenn er nie geboren wäre." Das ist keine Verfluchung des Judas, sondern ein Weheruf. Die Bibel unterscheidet deutlich zwischen Verfluchung und Weheruf. Eine Verfluchung belegt den Menschen mit Unheil. Der Wehruf drückt den Wunsch aus, könnte ich jetzt noch wählen, wollte ich lieber nicht geboren sein. Dabei bleibt offen, ob dem Verräter von Gott vergeben wurde.

Judas aber fragt ganz unschuldig: „Bin ich es etwa, Rabbi?" Er spricht Jesus noch als seinen Rabbi, seinen Meister an, ganz wie früher. Und Jesus bestätigt: „Du sagst es."

Es war damals, wie es heute ist. Was tun Menschen nicht alles für Geld!

Montag in der Osteroktav, *wo der Ostermontag nicht als Feiertag begangen wird* (Mt 28,8–15)

Der Herr ist auferstanden. Welch eine Freude für die Frauen am Grab! Doch dies darf im Volk nicht bekannt werden. So beschließen es die Hohenpriester. Nachdem die Grabwächter, die Pilatus auf Betreiben des Hohen Rates abgeordnet hatte, den Hohenpriestern von der Auferstehung berichtet hatten, werden die Soldaten mit Geld bestochen. Sie sollen den Leuten erzählen, während sie nachts schliefen, seien die Jünger gekommen und hätten den Leichnam Jesu gestohlen.

Wie sie allerdings die Leichendiebe als Jünger Jesu erkennen konnten, wenn sie doch schliefen, bleibt ungeklärt. Den Soldaten versprechen die Hohenpriester, sie würden schon dafür sorgen, dass sie von Pilatus nichts zu befürchten hätten. Kluge Soldaten hätten sich freilich nicht darauf eingelassen. Wie könnten wachhabende Soldaten zugeben, dass sie während des Dienstes geschlafen hätten? Wie hätte Pilatus dieses Vergehen einfach unterschlagen können? Aber immerhin haben die Hohenpriester und die Ältesten ihr Ziel erreicht: Das Gerücht vom Leichendiebstahl durch die Jünger wurde in die Welt getragen. Denn: Wenn man die Wahrheit nicht anerkennen will, muss man Lügen verbreiten.

Dienstag in der Osteroktav, *wo der Ostermontag nicht als Feiertag begangen wird* (Joh 20,11–18)

Bei der Maria in diesem Evangelium handelt es sich um Maria von Magdala. Sie steht draußen vor dem Grab und weint. Jesus ist gestorben, aber jetzt ist auch sein Leichnam verschwunden. Maria beugt sich vor und sieht in die Grabkammer hinein. Zuerst erblickt sie zwei Engel in weißen Gewändern. Dann dreht sie sich um und sieht einen Mann dastehen, der sie fragt, wen sie suche. Sie hält ihn für den Gärtner und fragt, wohin er den Leichnam Jesu gelegt habe. Jesus hat etwas Fremdes an sich, so dass sie ihn zunächst nicht erkennt. Er ist derselbe, aber nicht mehr *der Mensch*, den sie in Erinnerung hat. Da spricht er sie beim Namen an, und sofort erkennt sie ihn und ruft: „Meister!" Er bedeutet ihr, sie solle ihn nicht anfassen, denn er sei noch nicht zum Vater hinaufgegangen. Anfassen, be-greifen kann man einen Menschen, aber den Auferstandenen kann man so nicht wahrnehmen. Ihm kann man nur im Glauben, durch das Wort oder im Geist begegnen. Sie solle jetzt vielmehr zu seinen Brüdern, den Jüngern gehen und ihnen ausrichten, dass er jetzt zum Vater hinaufgehe.

Dienstag in der Osteroktav, *wo der Ostermontag als Feiertag began-gen wird und das Emmausevangelium an diesem Tag genommen wurde* (Mt 28,8-15)

Der Herr ist auferstanden. Welch eine Freude für die Frauen am Grab! Doch dies darf im Volk nicht bekannt werden. So beschließen es die Hohenpriester. Nachdem die Grabwächter den Hohenpriestern von der Auferstehung berichtet hatten, werden die Soldaten mit Geld bestochen. Sie sollen den Leuten erzählen, während sie nachts schliefen, seien die Jünger gekommen und hätten den Leichnam Jesu gestohlen. Wie sie die Leichendiebe als Jünger Jesu erkennen konnten, wenn sie doch schliefen, bleibt ungeklärt. Den Soldaten versprechen die Hohenpriester, sie würden dafür sorgen, dass sie von Pilatus nichts zu befürchten hätten. Kluge Soldaten hätten sich freilich nicht darauf eingelassen. Wie könnten wachhabende Soldaten zugeben, dass sie während des Dienstes geschlafen hätten? Wie hätte Pilatus dieses Vergehen einfach unterschlagen können? Aber immerhin haben die Hohenpriester und die Ältesten ihr Ziel erreicht: Das Gerücht vom Leichendiebstahl durch die Jünger wurde in die Welt getragen. Denn: Wenn man die Wahrheit nicht anerkennen will, muss man Lügen verbreiten.

Mittwoch in der Osteroktav, *wo der Ostermontag nicht als Feiertag begangen wird* (Lk 24,13-35)

Zwei Männer sind unterwegs nach Emmaus. Sie gehören zum erweiterten Jüngerkreis. Ihr Gespräch bewegt sich um Jesus und die Ereignisse der letzten Tage. Jesus schließt sich ihnen an, sie erkennen ihn aber nicht. Wie sollten sie auch? Ein Leichnam wird schließlich nicht wieder lebendig. Als Jesus sie über die Ereignisse der letzten Tage befragt, wird ihre ganze Verzweiflung deutlich. Dieser Jesus war *der* gewesen, auf den sie ihre ganze Hoffnung gesetzt hatten. Doch mit ihm ist ihr ganzer Mut gestorben, Verzweiflung hat sich breit gemacht. Waren sie etwa einem Scharlatan aufgesessen? Hatten sie sich so in ihm geirrt? Die Rede der Frauen, die von einem leeren Grab und von Engeln gesprochen hatten, die sagten, dass er lebe, konnte sie nicht überzeugen.

Da ergreift Jesus das Wort und erklärt ihnen aus der Schrift, dass alles nach dem Willen Gottes so hatte kommen müssen. Am Ziel ihres Weges veranlassen sie ihn, bei ihnen zu bleiben. Bei Tisch übernimmt Jesus die Rolle des Hausvaters und vollzieht denselben Ritus wie beim letzten Abendmahl. Da gehen ihnen die Augen auf und sie erkennen ihn. Doch in diesem Augenblick entschwindet er ihnen. Sie aber haben nun begriffen und wollen den anderen Jüngern berichten.

Mittwoch in der Osteroktav, *wo der Ostermontag als Feiertag begangen wird und das Emmausevangelium genommen wurde* (Joh 20,11–18)

Bei der Maria in diesem Evangelium handelt es sich um Maria von Magdala. Sie steht draußen vor dem Grab und weint. Jesus ist gestorben, aber jetzt ist auch sein Leichnam verschwunden. Maria beugt sich vor und sieht in die Grabkammer hinein. Zuerst erblickt sie zwei Engel in weißen Gewändern. Dann dreht sie sich um und sieht einen Mann dastehen, der sie fragt, wen sie suche. Sie hält ihn für den Gärtner und fragt, wohin er den Leichnam Jesu gelegt habe. Jesus hat etwas Fremdes an sich, so dass sie ihn zunächst nicht erkennt. Er ist derselbe, aber nicht mehr *der Mensch*, den sie in Erinnerung hat. Da spricht er sie beim Namen an, und sofort erkennt sie ihn und ruft: „Meister!" Er bedeutet ihr, sie solle ihn nicht anfassen, denn er sei noch nicht zum Vater hinaufgegangen. Anfassen, be-greifen kann man einen Menschen, aber den Auferstandenen kann man so nicht wahrnehmen. Ihm kann man nur im Glauben, durch das Wort oder im Geist begegnen. Sie solle jetzt vielmehr zu seinen Brüdern, den Jüngern gehen und ihnen ausrichten, dass er jetzt zum Vater hinaufgehe.

Donnerstag in der Osteroktav (Lk 24,35–48)

Lukas verdeutlicht uns die besondere Seinsweise des Auferstandenen. *Plötzlich* war er den Emmausjüngern entschwunden. *Plötzlich* steht er in der Mitte seiner Jünger. Die Gesetze von Materie, Raum und Bewegung im Raum gelten für ihn nicht mehr. Er entbietet ihnen Frieden, aber sie erschrecken, weil sie meinen, ein Gespenst zu sehen. Da verweist er auf seine Leiblichkeit: „Seht meine Hände und Füße! Ich bin es selbst."

Dann teilt er ihnen seine letzten Worte mit. Zunächst öffnet er ihnen die Augen für das Verständnis der Schrift. Aus ihr können sie ja sehen, dass der Messias leiden und am dritten Tag auferstehen musste. Ihre letzte Erfüllung finden die Verheißungen aber erst in der Verkündigung der Bekehrung und in der Sündenvergebung im Namen Jesu Christi. Sie sind Augenzeugen der Ereignisse in Leben, Tod und Auferstehung Jesu. Darum sind sie zum Zeugnis der Verkündigung in aller Welt befähigt. Sie bedürfen nur noch der Gabe des Geistes. Darum sollen sie in der Stadt bleiben, bis sie „mit der Kraft aus der Höhe erfüllt" werden.

Freitag in der Osteroktav (Joh 21,1–14)

Die Jünger waren Fischer am See von Tiberias gewesen. Nach der Kreuzigung Jesu gehen sie wieder ihrem früheren Beruf nach, aber in dieser Nacht bleiben ihre Netze leer. Als es Morgen wird, steht Jesus am Ufer. Er fragt die Jünger, ob sie etwas zu essen hätten. Als sie verneinen, fordert er sie auf, das Netz auf der anderen Bootsseite auszuwerfen. Sie tun es, und bald ist das Netz mit Fischen gefüllt.

Die 153 großen Fische sind als Symbolzahl zu verstehen. Nach damaliger Meinung gab es im See 153 verschiedene Fischarten. Wir erinnern uns an den Auftrag Jesu, *alle* Menschen zu seinen Jüngern zu machen, und an das Wort vom Menschenfischen. Die Vollzahl der Fischarten im Netz ist als Hinweis zu verstehen, dass die Jünger bei *allen* Menschen missionieren sollen.

Es folgt eine Mahlszene in eigenartiger, geheimnisvoller Atmosphäre. Als die Jünger an Land gegangen waren, hatten sie ein Kohlenfeuer gesehen, darauf Fisch und Brot. Nun fordert Jesus sie auf: „Kommt und esst!" Er reicht ihnen Brot und Fisch, alle essen gemeinsam. Aber nicht von den Fischen wird gegessen, die sie eben gefangen haben, sondern von dem, den der Herr bereits gebraten hatte. Die Szene erinnert an die Brotvermehrung und an deren Deutung auf die Eucharistie hin. Der Evangelist will uns sagen: Jetzt, nach seiner Auferstehung, ist der Auferstandene der Herr des eucharistischen Mahles in seiner Kirche. Er ist Gastgeber und Gabe zugleich.

Samstag in der Osteroktav (Mk 16,9–15)

Markus überliefert uns eine Zusammenfassung verschiedener Berichte über die Auferstehung des Herrn.

Am frühen Morgen des Ostersonntags erscheint der Auferstandene zunächst Maria aus Magdala. Sie berichtet es den Jüngern, die klagend und weinend beisammen sitzen. Sie hören, dass Jesus lebt und der Maria erschienen ist, aber sie glauben es nicht. Wie sollte man eine solche Geschichte auch glauben! Wer weiß, welche Phantasien die Frau mit der Wirklichkeit verwechselt hat. Dann erscheint der Auferstandene zwei Jüngern, die unterwegs sind. Sie erzählen es den anderen, aber auch ihnen glaubt man nicht. Zu unerhört sind solche Geschichten.

Schließlich erscheint der Auferstandene den elf Aposteln bei Tisch. Er tadelt sie, weil sie den anderen nicht geglaubt hatten und nennt das Unglauben und Verstocktheit. Nun aber, da sie sich selbst von seinem Leben überzeugt haben, sendet er sie in die ganze Welt, damit sie allen Geschöpfen das Evangelium verkünden. Dieser Sendungsauftrag gilt heute uns, seinen Jüngern in *diesen* Tagen.

Montag der 2. Woche in der Osterzeit (Joh 3,1–8)

Nikodemus, Pharisäer und Mitglied des Hohen Rates, sucht Jesus bei Nacht auf. Es ist besser, wenn keiner seiner Kollegen davon weiß, denn das könnte ihn verdächtig machen.

Und dann ergibt sich ein Gespräch um die Frage: Wie kann ein Mensch das Reich Gottes sehen? Wie kann er das Heil erlangen? Jesus erklärt, der Mensch müsse von neuem, nämlich „von oben" wiedergeboren werden. Er kann also nicht durch eigene Leistung das Heil erwerben. Der Mensch ist dazu nicht fähig. Das Heil ist ein Geschenk Gottes. Damit widerspricht Jesus dem frommen Leistungsdenken der Pharisäer. Die natürliche Geburt schenkt dem Menschen kein Heil. Er muss einen neuen Ursprung in Gott erlangen, dann wird er neu geschaffen zu ewigem Leben. Dies ist eine Geburt „aus Wasser und Geist". „Geist" ist hier Gegensatz zu „Fleisch". Fleisch ist der Mensch in seiner Vergänglichkeit und Schwachheit durch die natürliche Geburt. Geist meint hier die erneuernde, Leben schaffende Macht Gottes. Aus diesem Geist muss der Mensch neu geboren werden. Wie man nicht sagen kann, woher der Wind, der bald aus dieser, bald aus jener Richtung weht, seinen Ausgang genommen hat, so geheimnisvoll ist die Herkunft derer, die aus Gott geboren sind, für die Welt.

Dienstag der 2. Woche in der Osterzeit (Joh 3,7–15)

Nikodemus fragt Jesus, wie ein Mensch „aus Wasser und Geist" neugeboren werden könne. Die Antwort Jesu: „Wenn ich zu euch über irdische Dinge gesprochen habe, und ihr nicht glaubt, wie werdet ihr glauben, wenn ich zu euch über himmlische Dinge spreche?" Die Geburt aus dem Geist geschieht durch die gläubige Hinwendung des Menschen zu Gott; sie ist noch dem Irdischen zuzurechnen. Über himmlische Dinge kann nur *der* reden, der vom Himmel herabgestiegen ist und wieder hinaufsteigen wird, der Menschensohn, Jesus. Weil er Augenzeuge der himmlischen Dinge ist, also aus dem Himmel gekommen ist, deshalb kann nur er zuverlässige Kunde darüber bringen. Darum können aber die Pharisäer in Wahrheit nichts über himmlische Dinge sagen.

Schließlich spannt Jesus den Bogen aus der Vergangenheit voraus in die Zukunft: Der Menschensohn muss erhöht werden wie die Schlange in der Wüste. Wie aber von der erhöhten Schlange Heil für die Israeliten ausging, so wird jeder, der an den erhöhten Menschensohn glaubt, in ihm das ewige Leben haben.

Mittwoch der 2. Woche in der Osterzeit (Joh 3,16–21)

Weil Gott die Welt so sehr liebt, hat er seinen einzigen Sohn hingegeben. Gott hat nämlich seinen Sohn nicht zum Richten in die Welt gesandt, sondern zum Retten. Die einzige Bedingung für den Menschen ist, dass er sich diesem Angebot Gottes vertrauensvoll öffnet. Wenn jemand dennoch gerichtet wird, d. h. definitiv vom seligen Leben ausgeschlossen bleibt, dann ist das eigentlich ein Selbstgericht, die Folge seines eigenen Verhaltens. Dieses Gericht geschieht im Grunde gegen die Absicht Gottes, denn ihm geht es um das Heil des Menschen. Aber er respektiert die endgültige Entscheidung des Menschen.

Die Entscheidung für den Glauben vollzieht sich nicht nur im Herzen des Menschen, sondern hat auch ganz praktische Konsequenzen: Sie wird nämlich sichtbar im konkreten Verhalten des Menschen: im Tun des Guten und der Wahrheit.

Donnerstag der 2. Woche in der Osterzeit (Joh 3,31–36)

Zunächst legt Jesus ein Zeugnis über sich selbst ab: Er kommt von oben, d. h. von Gott, und steht über allem. Er legt unter den Menschen Zeugnis ab von Gott. Wer sein Zeugnis annimmt, legt auch selbst Zeugnis für Gott ab. Weil der Vater den Sohn liebt, hat er alles in seine Hand gegeben. Das Kommen des Sohnes Gottes in die Welt ist Gottes Angebot an die Menschen. Wer an den Sohn glaubt, hat das ewige Leben. Wer sich aber dem Angebot Gottes verschließt, wer also nicht glaubt, hat sich dadurch selbst vom Leben ausgeschlossen.

So geht es beim Glauben um eine Entscheidung zwischen Leben und Tod. Diese Glaubensentscheidung hat konkrete Folgen: Der Mensch tut entweder das Böse oder die Wahrheit, also das, was er von Jesus gehört und gelernt hat.

All das ist keine bloße Theorie. Es geht dabei um unsere eigene Zukunft, um unser Leben. Wir haben es selbst in der Hand.

Freitag der 2. Woche in der Osterzeit (Joh 6,1–15)

Viele Menschen sind Jesus auf den Berg gefolgt, aber sie haben nichts zu essen. Nur ein kleiner Junge hat fünf Brote und zwei Fische dabei. „Doch was ist das für so viele!" Jesus lässt die Leute sich ins Gras setzen, etwa 5000 Männer, dazu die Frauen und Kinder. Dann nimmt er die Brote, spricht das Dankgebet und teilt die Brote samt den Fischen aus. Als alle satt sind, heißt er die Jünger, die übriggebliebenen Brotstücke einzusammeln, „damit nichts verdirbt". Sie füllen zwölf Körbe damit. Dies musste die Leute an ähnliche Geschichten aus dem Alten Testament erinnern, wo etwa der Prophet Elischa mit zwanzig Gerstenbroten hundert Männer gespeist hatte (2 Kön 4, 42–44), vor allem aber an das Mannawunder in der Wüste (Ex 16). Sie ziehen daraus die Folgerung: Hier ist noch ein größerer als Elischa und Mose. Und so kommt es zu einem Missverständnis: „Als die Menschen das Zeichen sahen, das er getan hatte, sagten sie: Das ist wirklich der Prophet, der in die Welt kommen soll." Jesus erkennt, dass sie ihn zum König machen wollen, aber in falscher Messiaserwartung. Deshalb zieht er sich auf den Berg zurück. Er hatte ein sog. Geschenkwunder gewirkt. Solche Wunder sollen den Glauben an Gottes Fürsorge wecken und stärken. Die Menschen sollen lernen, dass für Gott in seiner Liebe und Sorge für sie auch das unmöglich Scheinende möglich ist.

Samstag der 2. Woche in der Osterzeit (Joh 6,16–21)

Die Jünger fahren allein über den See auf Kafarnaum zu. Es ist schon dunkel, da bricht ein heftiger Sturm los und wühlt den See auf. Als sie schon weit vom Ufer entfernt sind, sehen sie, wie eine Gestalt über den See geht und auf ihr Boot zukommt. Es ist schon so dunkel, dass sie die Gestalt sehen, aber nicht erkennen. Was ist das? Da geht jemand auf dem Wasser! Entsetzen packt sie, sie sind voller Angst. Da ruft ihnen die Gestalt zu: *„Ich bin* es; fürchtet euch nicht!" Ach so, es ist der Herr! Sie sind beruhigt und wollen ihn ins Boot hinein nehmen. Aber das Boot ist schon am anderen Ufer angelangt.

Jesus verwendet die alttestamentliche Heilszusage Gottes: Ich bin es. Ich bin da. Wenn er es ist, wenn er bei uns da ist, dann ist ja alles gut, dann gibt es keinen Grund für Angst und Schrecken.

Der Herr ist da. Das gilt auch für uns. Er ist unter uns da in der Kirche. Er ist aber auch unter uns und bei uns da, wo immer wir sind, vor welche Probleme uns das Leben auch stellt. Vertrauen wir nur auf ihn!

Montag der 3. Woche in der Osterzeit (Joh 6,22–29)

Heute hören wir die Fortsetzung der Erzählung über die Brotvermehrung. Nach einigem Suchen finden die Leute Jesus am anderen Seeufer. Da sie wissen, dass er nicht mit den Jüngern ins Boot gestiegen war, fragen sie verwundert: „Rabbi, wann bist du hierher gekommen?" Er beantwortet aber ihre Frage nicht, sondern erteilt ihnen eine Lehre: Ihr sucht mich nur, weil ich euch zu essen gegeben habe und ihr satt geworden seid. So ein Leben könnte euch gefallen. Da würdet ihr gern immer bei mir bleiben. Nicht arbeiten und doch essen, Schlaraffenland! Aber ihr sollt euch nicht immer nur um die vergängliche Speise bemühen, sondern um *die* Speise, die euch *ewiges* Lebens gibt. Diese Speise wird euch der Menschensohn geben. Da fragen sie gleich, welche Werke sie tun müssten, um das ewige Leben zu erlangen. Er aber erklärt ihnen, dass es nicht um bestimmte Werke geht, sondern um den Glauben an ihn selbst, den Gott zu ihnen gesandt hat. Sie müssten sich in bedingungslosem Vertrauen auf Gott und auf ihn einlassen.

Dienstag der 3. Woche in der Osterzeit (Joh 6,30–35)

Jesus hatte den Leuten gesagt, entscheidend für das ewige Leben sei, dass sie sich in bedingungslosem Vertrauen auf Gott und auf ihn einlassen müssten. Das wollen sie aber nur unter einer Bedingung, die sie selbst bestimmen. So verlangen sie ein Zeichen, das er tun solle, damit sie ihm glauben. Sie verweisen auf das Mannawunder in der Wüste: „Brot vom Himmel gab er ihnen zu essen."

Er entgegnet ihnen jedoch, dass das gar kein Brot vom Himmel war. Aber jetzt, heute gibt ihnen Gott „das wahre Brot vom Himmel". Es ist das Brot, das wirklich Leben gibt, Leben über den Tod hinaus, nicht irdisches Leben. Und dieses Brot vom Himmel, erklärt er, bin ich selbst.

Christus ist für uns Brot vom Himmel. Er ist es in der eucharistischen Speise und er ist es in seinem Wort, das er zu uns spricht.

Mittwoch der 3. Woche in der Osterzeit (Joh 6,35–40)

Im heutigen Evangelium geht es um die Frage des Glaubens an Jesus. Die Menschen, die bei ihm sind, hatten das Brotwunder miterlebt. Sie hätten dieses Zeichen verstehen können. Aber ihnen fehlte die *Bereitschaft* zu glauben. Dass sie gesehen haben und doch nicht zum Glauben gekommen sind, wird nun zum Anklagepunkt gegen sie. Jesus weiß sich als der gottgesandte Heilsbringer. Im Glauben an ihn erfüllt sich der Heilswille Gottes. Der Mensch kann sich ihm freilich verschließen. Wer das tut, entzieht sich selbst dem Heil. Das freilich ist nicht der Wille Gottes, Gott will vielmehr alle retten. Nach seinem Willen wird der Sohn am Letzten Tag alle, die an ihn und sein Wort geglaubt haben, auferwecken. So werden alle, die an ihn glauben, das ewige Leben haben.

Diese seine Zusage kann uns Zuversicht und inneren Frieden schenken.

Donnerstag der 3. Woche in der Osterzeit (Joh 6,44–51)

Jesus verweist die Menschen auf die Propheten. Bei ihnen heißt es: „Und sie werden alle von Gott belehrt sein" (Jes 54,13; Jer 31, 33f). Nun ist es soweit. Gott hat seinen Sohn zu ihnen geschickt, um sie zu lehren. Wer auf Gott hört und Jesu Lehre annimmt, wird zu ihm kommen und wird das ewige Leben haben. Das Brot, welches dieses Leben nährt, ist Jesus selbst. Er ist das Brot, das vom Himmel, d. h. vom Vater herabgekommen ist, das lebendige Brot. Und das Brot, von dem er spricht, ist sein Fleisch, das er hingeben wird für das Leben der Welt.

Da muss es uns schon traurig machen, wie viele Getaufte dieses Brot nicht essen wollen, weder das Brot seines Wortes noch das eucharistische Brot. Sie sagen, dass sie schon an Gott glauben. Aber was ist das für ein Glaube, der die Leben spendende Begegnung mit dem Herrn nicht sucht und deshalb der Sonntagsmesse fernbleibt? Vielleicht sollten wir, die wir auch werktags die Begegnung mit dem Herrn suchen, viel mehr für jene unserer Brüder und Schwestern beten, die Christus gegenüber gleichgültig sind?

Freitag der 3. Woche in der Osterzeit (Joh 6,52–59)

Jesus gibt der Speisung der Fünftausend eine eucharistische Deutung. Jetzt ist nicht nur der Mensch Jesus, in dessen Wort Gott zu ihnen spricht und sie zum Glauben führen will, das Brot des Lebens. Jetzt wird das Brot gleichgesetzt mit dem Fleisch des Menschensohnes, das er ihnen als Speise geben wird, nachdem er es für das Leben der Welt am Kreuz hingegeben hat. Das wahre Leben ist also nicht nur an den Glauben, sondern auch an das Essen und Trinken seines Leibes und Blutes gebunden: „Wer mein Fleisch isst und mein Blut trinkt, hat das ewige Leben und ich werde ihn auferwecken am Letzten Tag." Angedeutet war dieser eucharistische Bezug schon in der Wundererzählung, wo Jesus vor dem Austeilen der Brote ein Dankgebet sprach und nach dem Essen die Jünger beauftragte, die übriggebliebenen Brotstücke einzusammeln, „damit nichts verdirbt". Doch auch das Essen und Trinken seines Leibes und Blutes setzt wiederum den Glauben voraus.

Samstag der 3. Woche in der Osterzeit (Joh 6,60–69)

Nach seiner Erklärung und Deutung des Brotwunders nehmen auch viele seiner Jünger Anstoß an Jesus. Sie meinen, was er sagt, sei unerträglich. Jesus fragt daraufhin, was sie erst sagen werden, wenn sie den Menschensohn dorthin hinaufsteigen sehen, wo er vorher war. Damit spielt er auf seine Auferstehung an. Dann aber sagt er, dass der Mensch in seiner Glaubensnot nicht allein gelassen wird. „Der Geist ist es, der lebendig macht; das Fleisch nützt nichts." Mit „Fleisch" ist der nur irdisch denkende Mensch gemeint. Er beurteilt auch Jesus nur nach menschlichen Maßstäben. Der Geist dagegen ist die lebendig machende Kraft Gottes. Der Geist bewirkt den Glauben, der Glaube das Leben. Nachdem sich viele Jünger von ihm zurückgezogen haben, fragt Jesus die Zwölf: „Wollt auch ihr weggehen?" Als Sprecher der Apostel sagt Petrus: „Herr, zu wem sollen wir gehen? Du hast Worte des ewigen Lebens. Wir sind zum Glauben gekommen und haben erkannt: Du bist der Heilige Gottes." Mit diesem Glaubensbekenntnis werden uns die Zwölf als positives Gegenbild zu den vielen, die Jesus verlassen haben, vorgestellt.

Montag der 4. Woche in der Osterzeit
im Lesejahr B und C (Joh 10,1–10)

Durch die Tür des Schafstalls können die Schafe ein- und ausgehen. Wenn Jesus sagt, er sei die Tür, dann bedeutet das – auf uns Menschen bezogen –, dass nur er das vermittelt, wodurch Menschen leben können. Ohne die Tür, also ohne ihn, ist den Menschen wirkliche Lebensmöglichkeit verschlossen. Die Tür bietet anderseits für den Hirten den einzigen Zugang von draußen zu den Schafen. Dann bedeutet Jesus als die Tür zu den Schafen den einzigen Zugang zu den Menschen, falls das Hineingehen zu ihnen ihr Leben zum Ziel hat. Wohl sind immer schon und auch heute andere gekommen, aber sie kommen nur als Diebe und Räuber, „um zu stehlen, zu schlachten und zu vernichten". Deshalb sind sie auch nicht durch die Tür, also durch Jesus, sondern anderswo eingestiegen.

Damit spielt Jesus auf selbsternannte „Erlösergestalten" an, die sich zu unrecht als Erlöser, als Messiasse, als Heilsbringer ausgeben, um selbstdachte Religionsgemeinschaften und Sekten zu gründen. Vor ihnen warnt uns der Herr ausdrücklich. Denn sie führen die Menschen nicht zum Leben, sondern zur Vernichtung.

Montag der 4. Woche in der Osterzeit *im Lesejahr A, wenn Joh 10,1–10 am gestrigen Sonntag gelesen wurde* (Joh 10,11–18)

Jesus spricht von dem Unterschied zwischen dem guten Hirten und dem bezahlten Knecht. Mit dem bezahlten Knecht meint er Leute, die sich zu unrecht als Heilsbringer für die Menschen ausgeben, wie Gründer von Sekten und anderen Religionsgemeinschaften. Der Gegensatz zwischen ihnen und dem guten Hirten Jesus besteht auch in der grundlegenden Beziehung zu den Menschen. Jesus setzt sich total für die Seinen ein, er gibt sogar sein Leben für sie hin. Der Knecht aber, der seine Arbeit nur für Lohn tut, das heißt zu seinem eigenen Nutzen, der hat kein persönliches Verhältnis zu den Schafen, ihm liegt im Grunde nichts an ihnen. Die Beziehung Jesu zu den Seinen ist dagegen gekennzeichnet durch gegenseitiges Kennen und Lieben, also ein inniges persönliches Vertrauen. Nur Freunde oder Liebende können von sich sagen, dass sie einander kennen. Es ist ein Kennen wie der Vater den Sohn Jesus und Jesus seinen Vater kennt.

Für jüdische Ohren gab es nur einen wahren Hirten des Volkes Israel, nämlich Gott (vgl. Ps 23, 1; Ez 34, 11–16 u.a.). Wenn nun Jesus sich als den guten Hirten bezeichnet, dann sagt er damit: Ich bin Gott.

Dienstag der 4. Woche in der Osterzeit (Joh 10,22–30)

In der Halle Salomos, die den Tempelplatz im Süden abschloss, wird Jesus von Juden „umringt". Sie wollen ihm also keinen Ausweg lassen, bis er ihre Frage beantwortet hätte, ob er der Messias sei. Diese Frage kann er aber nicht mit Ja oder Nein beantworten, weil es damals unter den Juden unterschiedliche Messiasvorstellungen gab.

Er weist darauf hin, dass er ihre Frage ja schon längst beantwortet hat. Alle seine Werke, seine Reden, die Zeichen und Wunder legen ja Zeugnis für ihn ab. Wenn sie also immer noch fragen, ob er der Messias sei, so zeigen sie damit nur, dass sie nicht glauben *wollen*. Es ist, als hätten sie eine innere Sperre eingerichtet, mit der sie sich gegen ihn wehren. Wo Vorurteile und Misstrauen herrschen, helfen alle seine Worte und Werke nichts. Wer aber nicht glauben *will*, dem kann er nicht helfen, denn Glaube ist eine freie Entscheidung des Menschen.

Daran aber, dass sie ihm nicht folgen wollen, kann man erkennen, dass sie nicht zu seinen Schafen gehören. Diese hören nämlich auf seine Stimme.

Hören wir auf seine Stimme? Folgen wir ihm? Oder suchen wir aus seiner Lehre nur aus, was uns passt?

Mittwoch der 4. Woche in der Osterzeit (Joh 12,44–50)

Die Worte, die wir heute im Evangelium gehört haben, bilden den Schluss der öffentlichen Tätigkeit Jesu. Diese Worte sollen den Menschen noch einmal zu Bewusstsein bringen, worum es geht. Wer an Jesus glaubt, glaubt nicht nur an ihn, er glaubt eben darin an den Vater, weil der Sohn und der Vater eins sind. Mit Jesus ist Gott selbst in der Welt erschienen. In dem Menschen Jesus begegnet Gott den Menschen. Deshalb können wir nur in Jesus Christus Gott schauen und finden.

Jesus, das Licht der Welt, ist für alle der einzige Weg zum Heil. Es gibt keinen anderen; jeder andere Weg ist ein Irrweg. Dieses Heil, das ihm angeboten wird, soll der Mensch aus innerster Freiheit heraus ergreifen und die Liebe Gottes mit seiner Liebe beantworten. Darum wird Jesus einen, der sein Wort hört und nicht annimmt, nicht richten. Er ist ja nicht in die Welt gekommen, um diese zu richten, sondern um sie zu retten. Freilich kann dem Menschen das Wagnis seiner Freiheit nicht abgenommen werden. So behält jeder die letzte Verantwortung für sich und sein ewiges Heil. Wer also Jesus und seine Worte nicht akzeptiert, findet seinen Richter im Wort Jesu. Dieses Wort steht gegen ihn auf und erklärt, dass zwischen ihm und Jesus keine Gemeinschaft besteht. So hat er in der Verwerfung des Wortes Jesu seine eigene Verwerfung vollzogen.

Donnerstag der 4. Woche in der Osterzeit (Joh 13,16–20)

Wenn der Herr in der Fußwaschung an den Jüngern einen Sklavendienst verrichtet hat, dann ist es nur recht und billig, wenn auch sie einander wie Sklaven dienen. Indem wir den Bruder und die Schwester annehmen, nehmen wir Jesus auf und mit ihm den Vater. Jesus ist für seine Jünger die maßgebliche Autoritätsperson, weil er Gott repräsentiert. Darum ist seine Weisung für uns verbindlich. Seine Autorität gründet in seinem Gottsein, also in der Liebe, denn Gott ist Liebe. Also muss auch unser Umgang miteinander von der Liebe bestimmt sein.

Mitten hinein in diese Gedanken spricht Jesus den bevorstehenden Judasverrat an. Die Jünger sollen wissen, dass ihn das Leiden nicht aus heiterem Himmel überfallen wird und dass es letztlich nicht aus der Macht seiner Gegner kommt, sondern aus dem Willen des Vaters. Deshalb muss er es auch annehmen.

Freitag der 4. Woche in der Osterzeit (Joh 14,1–6)

Nun ist es für Jesus Zeit, von den Jüngern Abschied zu nehmen. Die Ankündigung seines Fortgehens hat sie verwirrt und in ihnen Angst ausgelöst. Was soll nun aus uns werden, wenn der Herr nicht mehr bei uns ist? Deshalb ist es an der Zeit, dass ihnen Jesus ihre Zukunft ankündigt. Sie sollen nur am Glauben festhalten. Denn er geht ihnen nur zum Vater voraus. Dort wird er einen Platz für sie vorbereiten. Danach wird er wiederkommen und sie zu sich holen. Dann aber werden sie wieder feste und volle Gemeinschaft mit ihm haben.

Schließlich erklärt er ihnen den Weg, auf dem sie zu ihm kommen werden: „Ich bin der Weg und die Wahrheit und das Leben." Wenn sie also im Glauben ihm verbunden bleiben und dementsprechend leben, werden sie ans Ziel kommen. Dieses Ziel kann jeder Einzelne nur durch ihn erreichen.

Damit beansprucht er zugleich für sich das Gottsein. Denn für die Juden war die Tora bzw. Jahwe der Weg, die Wahrheit und das Leben. Indem er dies nun für sich beansprucht, sagt Jesus indirekt: Ich bin Gott.

Samstag der 4. Woche in der Osterzeit (Joh 14,7–14)

Philippus verlangt: „Herr, zeig uns den Vater!" Darauf antwortet Jesus: Ihr kennt den Vater bereits. Weil ihr mich gesehen habt, habt ihr auch den Vater gesehen. Er und der Vater sind ja eins. Sein Leben und Wirken war die anschauliche Gegenwart Gottes unter den Menschen. Deshalb hat, wer ihn gesehen hat, den Vater gesehen. Sein ganzes Wirken war Offenbarung des Vaters. Durch Jesus hat der Vater *seine* Werke vollbracht. Dabei sind mit „Werke" nicht nur die Zeichen, sondern auch die Worte Jesu gemeint. In *seiner* Verkündigung hat der *Vater* gewirkt. Die Jünger sollen verstehen, dass in Jesus Gott selbst bei ihnen und mit ihnen ist.

Gott ist ja in sich einer. Darum hört, wer Christus hört, den Vater. Darum spricht, wer zu Christus spricht, zum Vater.

Montag der 5. Woche in der Osterzeit (Joh 14,21-26)

Jesus macht deutlich, dass alle Gottesbeziehung eine Frage der Liebe ist. Wer seine Gebote hält, zeigt dadurch, dass er ihn liebt. Einen solchen werden auch er und der Vater lieben und sich ihm offenbaren. Da fragt Judas Iskariot warum er sich nur den Jüngern und nicht der Welt offenbaren will. Wiederum verweist Jesus darauf, dass man ihn nur im Glauben und in der Liebe erfahren kann. Von außen her, aus einer neutralen Position, gibt es keinen Zugang zu ihm. Das Wesen Gottes ist dem blanken Verstand nicht zugänglich.

Zum Schluss kommt Jesus wieder auf die Abschiedssituation zurück und verheißt den Jüngern für die Zeit, in der er nicht mehr leibhaft unter ihnen sein wird, einen anderen Beistand. Bisher war Jesus selbst ihr Lehrer. Wenn er zum Vater gegangen sein wird, wird ihnen dieser den Heiligen Geist senden, der sie alles lehren und an alles erinnern wird, was er ihnen gesagt hat. Dann werden sie manches in einem helleren Licht verstehen.

So hatten sie z. B. bei der Tempelreinigung seine Worte nicht verstanden, dass er den Tempel in drei Tagen wieder aufrichten werde. „Als er von den Toten auferstanden war, erinnerten sich seine Jünger, das er dies gesagt hatte, und sie glaubten der Schrift und dem Wort, das Jesus gesagt hatte" (Joh 2,22; vgl. auch Joh 12,16; 16,4; 20,8).

Dienstag der 5. Woche in der Osterzeit (Joh 14,27-31a)

Jesus geht auf die Abschiedssituation ein. Er gibt seinen Jüngern den Frieden. Deshalb müssen sie für die Zukunft nicht beunruhigt sein oder verzagen, egal was kommen mag. Wenn seine Jünger ihn lieben, dann müssen sie sich in der Abschiedsstunde freuen; denn er geht ja zum Vater. Es sagt ihnen das jetzt schon alles, damit sie, wenn es geschieht – all das mit Leiden, Tod und Auferstehung –, nicht ratlos oder mutlos werden. Sie wissen ja dann, dass er es vorausgesagt hat. Freilich kommt jetzt der Herrscher der Welt. Es kommt zum Entscheidungskampf zwischen Jesus und Satan. Die letzten Jahre waren davon geprägt, dass der Sohn Gottes in der Welt Heil gewirkt hat, wo Unheil war, dass er die Macht Satans mit der Gottesherrschaft gebrochen hat. Nun muss er noch das Letzte tun, das ihm der Vater aufgetragen hat. Dabei wird der Herrscher dieser Welt scheinbar siegen, wenn Jesus am Kreuz stirbt. In Wahrheit aber wird er dadurch die Welt erlösen und in der Auferstehung auch den Tod bezwingen.

Mittwoch der 5. Woche in der Osterzeit (Joh 15,1–8)

Mit der Rede vom Weinstock beginnt Jesus vor seinen Jüngern eine zweite Abschiedsrede. Dabei spricht er achtmal vom Fruchtbringen und sechzehnmal vom Bleiben.

Bei den Propheten gilt Israel als der Weinstock, den Gott gepflanzt hat, der aber keine Frucht bringt. Nun bezeichnet sich Jesus selbst als den wahren Weinstock, der auch erfüllt, was man von ihm erwartet: Er bringt reiche Frucht.

Bei dieser Bildrede geht es um die Lebenseinheit der Rebzweige mit dem Weinstock. Diese Einheit ist Voraussetzung für das Fruchtbringen. Auch das Reinigen dient dem Fruchtbringen. Getrennt von Jesus können die Jünger, d. h. wir, keine Frucht bringen. Frucht bringen wir dann, wenn an uns das Leben aus dem Glauben sichtbar wird. Glauben meint nämlich mit Jesus verbunden sein, in ihm bleiben. Ohne das Bleiben in Jesus gibt es keine Frucht. Ebenso wenig aber gibt es bleibende Jesusgemeinschaft, die auf Dauer fruchtlos bliebe.

Die Jünger sind „rein", weil sie mit Jesus eins sind und deshalb das neue Leben empfangen haben.

Der Weinstock umfasst ja schon das Ganze der Zweige, das meint: Die Kirche als Gemeinschaft der Jünger Jesu ist Teil des Weinstocks, da die Jünger die Zweige des Weinstocks sind. Jesus ist also das Zentrum der Kirche schlechthin.

Donnerstag der 5. Woche in der Osterzeit (Joh 15,9–11)

Heute spricht Jesus von dem Wesensmerkmal des Weinstocks, der er selber ist. Dieses Merkmal ist die Liebe. Wir sollen in *der* Liebe bleiben, mit der er uns liebt. Unser Bleiben in seiner Liebe erkennt man daran, dass wir seine Gebote halten. Wir sollen uns ihn zum Vorbild nehmen. Denn auch er erfüllt in allem den Willen des Vaters und bleibt so in dessen Liebe.

Zu welchem Ziel führt nun dieses Bleiben in der Liebe? Das Ziel ist die Freude. Wenn wir in seiner Liebe bleiben, wird uns vollkommene Freude geschenkt. Ganz und gar in der Liebe leben, von der Liebe umgeben sein, das ist eitel Freude. Und das will Jesus für uns. Das ist letztlich ewiges Leben: nichts als Liebe und Freude.

Freitag der 5. Woche in der Osterzeit (Joh 15,12–17)

Heute spricht Jesus von der Frucht, die die Reben am Weinstock bringen. Diese Frucht ist die Bruderliebe. Das Bleiben in der Liebe Jesu hat wie von selbst die Bruderliebe zur Folge. Jesus verweist, wie schon bei der Fußwaschung, auf sein Beispiel. „Es gibt keine größere Liebe, als wenn einer sein Leben für seine Freunde hingibt." Genau das hat er getan. Und so sollen auch wir aneinander tun. Dann aber sind wir wirklich seine Freunde. Darum hat er uns auch die Botschaft vom Vater gebracht, das Evangelium.

Wenn wir nun in ihm bleiben und als Frucht die Liebe bringen, dann wird uns der Vater alles geben, worum wir in Jesu Namen bitten. Denn wer in ihm ist, wer denkt und will wie Jesus denkt und will, wird um nichts bitten, was dem Willen des Vaters widerspricht.

Samstag der 5. Woche in der Osterzeit (Joh 15,18–21)

Jesus verheißt den Seinen in dieser Welt üble Erfahrungen. Er sagt ihnen, dass die Welt sie hassen werde. Zwischen den Jüngern und der Umwelt, in der sie leben werden, wird eine große Kluft herrschen. Die „Welt" wird sie hassen, weil sie nicht von der „Welt" stammen. Mit „Welt" meint Jesus die Menschenwelt, die ihm und seiner Gemeinde mit Feindschaft begegnet. Es sind die Heiden und die Juden, die sich hasserfüllt gegen ihn entschieden haben. Der Widerstand gegen ihn richtet sich nun auch gegen seine Gemeinde. Den Jüngern begegnet im Hass der Welt nichts anderes, als was vor ihnen Jesus selbst begegnet ist: „Sie haben mich vor euch gehasst."

Die Jünger stammen nicht von der Welt. Wo einer seinen Ursprung hat, davon ist sein Wesen, seine Art und sein Verhalten geprägt. Die Jünger aber stammen von Gott bzw. aus Gott. Darum ist ihr Wesen und ihr Verhalten den Menschen der Welt fremd und unverständlich. Also werden sie von ihnen gehasst. Das darf sie nicht überraschen, denn „der Sklave ist nicht größer als sein Herr". Und wenn sie diesen verfolgt haben, dann werden sie auch seine Jünger verfolgen.

Solche Situationen des Hasses oder der Feindschaft können Christen auch in unserem Land erleben, unter Kollegen am Arbeitsplatz, unter Kameraden im Verein und unter Mitschülern. Es ist ein Zeichen dafür, dass wir zum Herrn gehören.

Montag der 6. Woche in der Osterzeit (Joh 15,26–16,4a)

Jesus weiß, dass er seine Jünger für die Zeit nach seiner Himmelfahrt stärken muss. Er weiß, dass dann Verfolgung über jene hereinbrechen wird, die zu ihm stehen. Deshalb verheißt er ihnen den Heiligen Geist, den er ihnen vom Vater aus als Beistand senden wird. Sie werden also nicht allein sein, sie werden einen Beistand haben, den Geist der Wahrheit, der für Jesus Zeugnis ablegen wird. Aber auch die Jünger werden für ihn Zeugnis ablegen. Die „Welt" liebt es, wenn alle angepasst und gleichgeschaltet leben. Die Jünger aber müssen, wollen sie wirklich Jünger Jesu sein, anders sein, eben von ihm geprägt und nach seinen Worten. So werden sie zu Fremden im eigenen Volk werden. Anfängliche Verständnislosigkeit wird sogar in Hass übergehen. Deshalb wird man sie „aus der Synagoge ausstoßen". Es wird sogar Menschen geben, die meinen, „Gott einen heiligen Dienst zu erweisen", wenn sie die Jünger Jesu töten. In Wahrheit aber werden sie es tun, weil sie Gott überhaupt nicht erkannt haben.

Das sind Erfahrungen, die Christen zu allen Zeiten machen mussten, denn sie sind nicht „aus der Welt".

Dienstag der 6. Woche in der Osterzeit (Joh 16,5–11)

Die Jünger sind von Trauer erfüllt, weil Jesus gesagt hatte, dass er zum Vater geht, zu dem, der ihn gesandt hatte, von dem er gekommen war.

Nun belehrt er sie, dass es gut für sie ist, wenn er nun fortgeht. Denn dann wird er ihnen den Beistand senden. Er lässt die Seinen also nicht wie ein verlorenes Häuflein auf der Welt zurück. Der Geist wird bezeugen, dass durch Jesus Wahrheit und Leben schon gegenwärtig sind. „Der Geist wird die Welt überführen", also die „Welt", die den Sohn Gottes aus Verstockung und mangelnder Glaubensbereitschaft abgelehnt hat, verurteilen.

Denn er wird „aufdecken, was Sünde ist". Die Sünde schlechthin ist der Unglaube.

Er wird „aufdecken, was Gerechtigkeit ist". Gerechtigkeit meint die Überwindung der Unheilsmächte, des Bösen in der Welt.

Er wird „aufdecken, was Gericht ist". Das Gericht ist bereits vollzogen, da der Herrscher dieser Welt von Christus durch das Kreuz hinausgeworfen ist und damit das wahre Leben gesiegt hat.

Letztlich müssen also nicht die Jünger Angst haben, sondern jene, die sich Gott versperren.

Mittwoch der 6. Woche in der Osterzeit (Joh 16,12–15)

Jesus nennt den Geist Gottes den „Geist der Wahrheit", der die Jünger in die ganze Wahrheit einführen wird. Hier ist das Wort „ganze" wichtig. Es heißt nicht, dass der Geist die Jünger in „alle" Wahrheit oder in „jede" Wahrheit einführen will. Es gibt Wahrheiten, die jenseits des Evangeliums liegen, etwa naturwissenschaftliche Vorgänge. Es geht hier um die Wahrheit der Christusbotschaft. Der Geist ist der Garant dieser Wahrheit. Unter seiner Inspiration wurden die Evangelien geschrieben. Er ist für die Jünger, also in der Kirche, der Bürge dafür, dass sie die Wahrheit erkennen und in der Wahrheit bleiben können. Er wird der Kirche das auf sie Zukommende im Licht der Botschaft Jesu deuten. Der Geist wird Christus dadurch verherrlichen, dass Jesus als Ursprung und Ziel des Heilswirkens Gottes auf der Erde erkannt wird.

Als Kirche dürfen wir also darauf vertrauen, dass Gottes Geist uns vor Glaubensirrtum bewahrt. Die Kirche muss sich aber auch vor Grenzüberschreitungen hüten. Sie darf nicht meinen, z. B. in naturwissenschaftlichen oder in psychologischen Fragen kompetent zu sein.

Donnerstag der 6. Woche in der Osterzeit (Joh 16,16–20)

Jesus sagt den Jüngern, dass sie ihn bald nicht mehr, nach kurzer Zeit aber wiedersehen werden. Sie reagieren mit Verständnislosigkeit, Verwirrung und Angst. Doch der Herr nimmt die Sorgen und Ängste seiner Jünger ernst. Er versucht ihnen dadurch Mut zu machen, dass er ihren Blick von der schmerzlichen Trennung weg auf die Erfahrung freudigen Wiedersehens lenkt. Die Verheißung, dass die Trennung nur kurze Zeit währen wird, soll sie trösten und ihnen Hoffnung machen. Er weiß, wie wichtig das für sie sein wird, wenn sie bald seine Gefangennahme und dann die Kreuzigung erleben werden.

Auch wir können manchmal das Gefühl der Gottferne erleben und dadurch unsicher, mutlos oder traurig werden. Dann dürfen wir darauf vertrauen, dass sich das Blatt wenden wird und wir seine Nähe wieder erfahren dürfen.

Freitag der 6. Woche in der Osterzeit (Joh 16,20–23a)

Jesus stellt den Jüngern den Gegensatz zwischen ihnen und der „Welt" vor Augen. Mit „Welt" sind jene gemeint, die ihn ablehnen und im Unglauben ans Kreuz bringen werden. Während die Jünger weinen und klagen werden, wird sich die Welt freuen. Aber sofort öffnet Jesus den Blick der Jünger für die Zukunft: „Euer Kummer wird sich in Freude verwandeln."

Er vergleicht die Situation der Jünger mit einer schwangeren Frau. Wenn die Stunde des Gebärens gekommen ist, ist sie bekümmert. Wenn sie dann aber das Kind geboren hat, ist alle Not vergessen aus lauter Freude über das Kind. So, sagt er, wird es auch euch gehen. Denn ich werde euch wiedersehen, und dann werdet ihr all euren Kummer vergessen haben, so wird sich euer Herz dann freuen.

Mit diesen Worten sagt er den Jüngern seine Erscheinungen als Auferstandener voraus. Dann werden sie ihn auch nichts mehr fragen müssen wie jetzt, dann werden sie verstehen.

Samstag der 6. Woche in der Osterzeit (Joh 16,23b–28)

Heute spricht Jesus zu den Jüngern über die Zeit nach seiner Himmelfahrt. Bis jetzt, solange er leibhaft bei ihnen war, haben die Jünger noch nichts in seinem Namen erbeten. Das war nicht nötig. Er war ja selbst da. Nun aber – und das betrifft auch unsere heutige Situation – wird der Vater den Bittenden geben, worum sie im Namen Jesu bitten.

Was bedeutet „im Namen Jesu bitten"? Bei solchem Beten geht es nicht um bestimmte einzelne Dinge oder Wünsche, sondern um das Bei-Gott-sein des Betenden. Es ist ein zweckfreies Beten, bei dem das Vereintsein mit Jesus und dem Vater im Vordergrund steht. Das mit Gott Verbundensein ist schon ein Geschenk. Was die betenden Jünger konkret empfangen werden, ist dann gar nicht mehr so wichtig. Wir dürfen beim Beten wissen, dass Christus uns liebt und dass der Vater uns liebt, weil er Jesus liebt und weil wir glauben, dass Jesus „vom Vater ausgegangen ist".

So können wir beim Beten in Zuversicht, in Dankbarkeit und in Freude das Verbundensein mit Gott in den Blick nehmen.

Montag der 7. Woche in der Osterzeit (Joh 16, 29–33)

Die Jünger haben die Rede Jesu weithin als rätselhaft und unverständlich empfunden. Jetzt aber haben sie zu verstehen begonnen und bekunden das sogleich mit dem Christusbekenntnis: „Darum glauben wir, dass du von Gott gekommen bist." Jetzt hat Jesus also ein wichtiges Ziel erreicht. Das war auch höchste Zeit, denn schon, sagt er, „schon ist die Stunde da", in der die Jünger versprengt werden und ihn allein lassen. Damit spielt er auf das Verhalten der Jünger nach seiner Gefangennahme an. Auch seine Frage „jetzt glaubt ihr?" ist nur allzu berechtigt, denn nicht mehr lange, und Petrus wird ihn verleugnen. Aber bei all dem wird Jesus nicht allein sein, denn der Vater wird in seinem Leiden und Sterben bei ihm sein. Und danach, wenn sie ihm als Auferstandenem begegnet sein werden, werden sie wieder zu ihm, zum Glauben zurückfinden. Sie sollen in ihm Frieden haben. Frieden, das ist die Gewissheit des Heils durch Jesus. Sie werden in der Welt Drangsal haben; es gibt kein irdisches Leben ohne Not. Aber sie – und mit ihnen wir – wissen: Der Herr hat die Welt besiegt. Deshalb ist den Seinen ewiges Glück und ewige Freude gewiss.

Dienstag der 7. Woche in der Osterzeit (Joh 17,1–11a)

Heute ist im Evangelium viel von Verherrlichung die Rede.

Zunächst sagt Jesus, dass er den Vater auf der Erde verherrlicht habe. Das meint ein Zweifaches. Er hat in allen seinen Entscheidungen den Vater den Herrn sein lassen, bis hinein in sein Ja zu Leiden und Tod, weil es der Wille des Vaters war. Und er hat die Menschen gelehrt, den Vater in allem als ihren Herrn zu respektieren.

Dann bittet Jesus den Vater, er möge nun auch ihn verherrlichen, nämlich wieder in die Macht einsetzen, die er beim Vater schon hatte, ehe die Welt war.

Schließlich spricht er davon, dass er in seinen Jüngern verherrlicht ist. Das heißt, dass seine Jünger ihn als den Herrn der Welt und ihres Lebens anerkennen.

Für diese Jünger – also auch für uns – bittet er den Vater, denn sie leben noch in dieser Welt mit all ihren Anfechtungen und Versuchungen, die zum menschlichen Leben auf Erden gehören. Deshalb haben wir den Beistand Gottes nötig – und dürfen das auch nie vergessen.

Mittwoch der 7. Woche in der Osterzeit (Joh 17,6a.11b–19)

Jesus nimmt Abschied von seinen Jüngern. Was tut er da? Er betet für sie. Worum betet er? Dass sie seine Freude in Fülle in sich haben. Diese Freude in Fülle ist Teilnahme am Leben des auferstandenen Christus. Wenn die Jünger seine Zukunftsverheißung im Herzen tragen, wenn sie jetzt schon erfüllt sind von der Freude über ihre künftige Glückseligkeit bei ihrem Herrn und mit ihrem Herrn, dann werden sie leichter tragen können, was ihnen in dieser Welt noch beschieden ist: Die Erfahrung, von der Welt abgelehnt zu werden, weil sie sich von der Welt unterscheiden, weil sie anders denken und anders sind als die Welt-Menschen.

Unter diesen Menschen haben sie noch eine wichtige Sendung zu erfüllen, nämlich möglichst viele für Christus zu gewinnen. Deshalb betet Jesus nicht, dass der Vater sie aus der Welt nehmen soll, sondern dass er sie vor dem Bösen der Welt bewahren soll. Dann werden sie – getragen von der Vorfreude auf ihre ewige glückliche Zukunft – ihre Aufgabe in der Welt trotz aller Widernisse bewältigen können.

Donnerstag der 7. Woche in der Osterzeit (Joh 17,20–26)

Jesus sagt ausdrücklich, dass er den Vater nicht nur für die damaligen Jünger bittet, sondern ebenso für alle, die durch deren Wort an ihn glauben. Damit verweist er uns auf die Evangelien und die anderen Texte des Neuen Testaments, in denen uns das Wort der ersten Jünger überliefert ist. Die Schriften des Neuen Testaments sind die entscheidende Quelle für unseren Glauben.

Im Zentrum des Gebetes Jesu steht die Bitte um Einheit der Jünger: Alle sollen eins sein. – Ja geht denn das überhaupt? Gibt es ein Gemeinschaftsleben ohne Meinungsverschiedenheit, manchmal auch Streit? Das gibt es doch in keiner Ehe, in keinem Kloster und auch nicht unter den Bischöfen. Schon auf dem Apostelkonzil gab es heiße Debatten, vor allem zwischen Paulus, Petrus und Jakobus. Wo unterschiedliche Charaktere beisammen sind, wo Menschen unterschiedliche Vorstellungen über das Erreichen desselben Zieles haben, wird es auch manchmal krachen.

Wenn wir exakt lesen, was Jesus sagt, dann stellen wir fest, dass er genauer sagt: Die Jünger sollen eins sein in ihm und im Vater. Das ist das Entscheidende. Und wenn alle nach dieser Einheit im Herrn streben, werden sie auch Wege finden, ihr Gemeinschaftsleben im Herrn in Einheit zu gestalten.

Freitag der 7. Woche in der Osterzeit (Joh 21,1.15-19)

Jesus fragt Petrus dreimal nach seiner Liebe. Warum? Weil er ihm seine Gemeinde anvertrauen will. Er spricht wieder im Bildwort von der Herde, dessen guter Hirt ER, Jesus, selbst ist. Diese Herde will er nun auf Erden dem Petrus anvertrauen. Er soll sie führen und ihr dienen wie es Jesus getan hat. Er wird also Jesus nachfolgen, sein Nachfolger sein bei den Schafen. Das wird er nur können, wenn er den Herrn liebt. Deshalb fragt Jesus dreimal. Damit erinnert er Petrus an seine dreimalige Verleugnung. Das muss Petrus betroffen und kleinlaut machen. Einem, der ihn verleugnet, kann Jesus seine Gemeinde nicht anvertrauen. Wen man wirklich liebt, den verrät man nicht. Zugleich gibt Jesus dem Petrus damit eine neue Chance. Nach der dreimaligen Versicherung der Liebe überträgt ihm Jesus seine Gemeinde. Er glaubt ihm, dass er sich geändert hat und nun gefestigt ist.

Das ist auch für uns tröstlich, denn wir wissen nun, dass uns Jesus früheres Versagen nicht nachträgt, wenn wir uns geändert haben und ihn aufrecht lieben.

Samstag der 7. Woche in der Osterzeit (Joh 21,20-25)

Petrus erscheint hier etwas neugierig. Er fragt Jesus, was mit Johannes werden würde. Vielleicht fühlt er sich jetzt als etwas Besonders, weil ihm Jesus unmittelbar zuvor seine ganze Gemeinde auf Erden anvertraut hatte.

Jesus aber gibt ihm eine geistige Ohrfeige, indem er ihm antwortet: „Wenn ich will, dass er bis zu meinem Kommen bleibt, was geht das dich an?" Das heißt: Kümmere dich lieber um dich selbst und um deine Sendung und deinen Auftrag! Deshalb fügt Jesus hinzu: „Du aber folge mir nach!"

So eine geistige Ohrfeige hätten auch wir manchmal nötig, wenn wir andere beneiden oder an anderen herumkritisieren, anstatt uns auf unsere eigenen Aufgaben zu konzentrieren.

Die folgenden Worte bilden den Schluss des Johannesevangeliums. Hier macht uns der Autor klar, dass sein Evangelium keine vollständige Wiedergabe des Lebens und Wirkens Jesu ist, sondern eben das, was er für das Wichtigste gehalten hat.

Die Zeit im Jahreskreis

Montag der 1. Woche im Jahreskreis (Mk 1,14–20)

Seit der Prophetenzeit hatte sich im Judentum die Sehnsucht gebildet: Wenn Gott doch endlich König wäre und sich in unserer Welt als König erwiese! Daran knüpft Jesus bei seinem ersten öffentlichen Auftreten an, wenn er sagt: Nun ist die Zeit erfüllt, das Reich Gottes ist da. Darum gilt ab jetzt nur noch eines: Kehrt um und glaubt an das Evangelium!

Worin aber soll diese Umkehr bestehen? Das sagt er sogleich zu den Fischern am See: Folgt mir nach!

Nie wieder sagt Jesus später „Kehrt um!" Hier am Anfang seines Auftretens greift er das Wort Johannes des Täufers noch auf. Fortan aber spricht er nur noch von der Nachfolge. Denn jetzt ist er selbst da, der Herr. Bei jedem anderen Menschen wäre es Vermessenheit, sich so als Idealbild darzustellen, dass man ihm nachfolgen müsse. Mit solchem Anspruch kann nur der auftreten, der in allem uns gleich war außer der Sünde. Und der, der als einziger von sich sagen kann: „Ich bin der Weg und die Wahrheit und das Leben."

Dienstag der 1. Woche im Jahreskreis (Mk 1,21–28)

Was die Zuhörer Jesu in der Synagoge betroffen macht, ist die Tatsache, dass Jesus nicht wie ihre Schriftgelehrten redet, sondern wie einer, der göttliche Vollmacht hat. An seiner Lehre kann man seine Herkunft erahnen.

Diese göttliche Vollmacht wird auch gleich bestätigt, als Jesus einen Mann von einem Dämon befreit. Und dieser böse Geist offenbart auch gleich die Identität Jesu: „der Heilige Gottes". Dann verlässt er den Menschen.

Mit dieser Tat hat Jesus seine Predigt unterstrichen und deutlich gemacht: Mit meinem Kommen ist die Herrschaft des Bösen grundsätzlich überwunden. Gott hat seine Herrschaft angetreten.

Nun kommt alles darauf an, dass Gott auch in uns seine Herrschaft antreten kann. Er kann es nur, wenn wir es zulassen, wenn wir ihn wirklich den Herrn unseres Lebens sein lassen, anstatt selber unsere eigenen Herren sein zu wollen.

Mittwoch der 1. Woche im Jahreskreis (Mk 1,29–39)

Das Auftreten Jesu in der Synagoge von Kafarnaum hatte bei den Leuten Betroffenheit ausgelöst. Sie fragten sich, was das zu bedeuten habe. Sein Wirken hat sich herumgesprochen und bis zum Sonnenuntergang hat sich „die ganze Stadt" vor der Haustür des Simon und des Andreas versammelt. Und nun erfahren viele Kranke und Besessene das heilende Wort Jesu. Mit seinem Handeln unterstreicht Jesus seine Verkündigung: die zuvorkommende Liebe Gottes. Wenn die Menschen das erkennen, werden sie begreifen, was es heißt, dass das Reich Gottes gekommen ist.

Alle Menschen sollen das sehen und erkennen. Deshalb geht er am nächsten Tag in die benachbarten Dörfer und dann durch ganz Galiläa, um die beglückende Botschaft zu verkünden und durch Taten zu untermauern.

Auch uns wurde und wird seine Botschaft immer wieder verkündet. Ist sie bei uns auf fruchtbaren Boden gefallen? Also in offene Herzen und in einen bereitwilligen Geist?

Donnerstag der 1. Woche im Jahreskreis (Mk 1,40–45)

Aussätzige galten als unrein, mussten außerhalb geschlossener Ortschaften wohnen, durften ihre Haare nicht schneiden, mussten den Schnurrbart verhüllen, eingerissene Kleider tragen und Menschen, die sich ihnen näherten, durch Schreien auf sich aufmerksam machen. Die Krankheit war unheilbar und ansteckend. Der Aussätzige in unserem Evangelium missachtet die Vorschriften, geht zu Jesus, fällt vor ihm auf die Knie und bittet um Heilung. In seiner Verzweiflung ist es ihm schon egal, dass er damit ein Gesetz bricht. Jesus führt seine Sendung, Gottes Liebe und Barmherzigkeit zu verkünden, fort und heilt den Mann.

Nach jüdischer Überzeugung konnte nur Gott einen Aussätzigen heilen. Jesus lässt also mit seinem Handeln erkennen, wer er wirklich ist. Er schenkt dem Mann nicht nur die körperliche Gesundheit wieder. Er schickt ihn zum Priester, der allein berechtigt war, die Genesung eines Aussätzigen festzustellen und ihn damit wieder in die Volks- und Kultgemeinschaft aufzunehmen.

Freitag der 1. Woche im Jahreskreis (Mk 2,1-12)

Jesus ist wieder in Kafarnaum. Eine riesige Menschenmenge strömt herbei und er verkündet den Menschen das Wort. Was er da lehrte, überliefert der Evangelist nicht, denn durch sein folgendes Tun wird seine Lehre am besten veranschaulicht: die Botschaft von der Menschenliebe Gottes. Jesus heilt den Gelähmten.

Aber Gottes Menschenliebe bezieht sich auf den ganzen Menschen, zumal auf sein ewiges Heil. So spricht Jesus dem Kranken zunächst die Sündenvergebung zu. Wie schon bei der Heilung des Aussätzigen tut er etwas, was im Grunde nur Gott vermag, und offenbart damit sein wirkliches Wesen. An der geschehenen *Krankenheilung* sollen alle erkennen, dass auch seine *Sündenvergebung* kein leeres Wort gewesen ist. Er spricht und handelt eben in göttlicher Vollmacht.

Auch zu uns spricht er im Bußsakrament sein befreiendes Wort der Vergebung. Nehmen wir diese Gelegenheit oft genug wahr?

Samstag der 1. Woche im Jahreskreis (Mk 2,13-17)

Die Pharisäer nehmen Anstoß daran, dass Jesus im Haus des Zöllners zusammen mit Zöllnern und Sündern isst. Pharisäer dagegen meiden jede Gemeinschaft mit solchen Menschen. Und sie haben gute Gründe dafür. Jede Sünde mindert ja den Frieden der Welt. Jede Sünde zerstört die gute Schöpfung Gottes. Wer sich also mit Sündern abgibt, dachten die Pharisäer, erweckt bei anderen den Eindruck, er würde ihr Verhalten akzeptieren. Das aber durfte nicht sein.

Für Jesus sind aber die Sünder nicht einfach Gesetzesbrecher, sondern „Kranke", die der Heilung bedürfen. Darum nimmt er sich ihrer an. Sie müssen „geheilt" und so für das Reich Gottes gewonnen werden.

Auch unser nimmt sich Christus in der Beichte an, um uns zu „heilen". Den entscheidenden Schritt dorthin müssen wir aber selber gehen. Oder halten wir uns etwa für vollkommen?

Montag der 2. Woche im Jahreskreis (Mk 2,18–22)

Wenn wir den Vorwurf, dass die Jünger Jesu nicht fasteten, verstehen wollen, müssen wir fragen, worin man damals den Sinn des Fastens sah. Fasten war zunächst ein Ausdruck der Trauer über einen verlorenen Menschen. Sodann war das Fasten Ausdruck der Trauer über die eigenen Sünden, und schließlich war es ein Zeichen dafür, dass der Mensch von seinem verkehrten Weg umkehren wollte. Deshalb können die Jünger Jesu, solange er bei ihnen ist und sie ihm nachfolgen, nicht fasten. Es wäre ein Widerspruch.

Darum werden die Jünger Jesu an jenem Tag fasten, an dem ihnen der Bräutigam, der Herr, genommen sein wird. Hierin liegt ein Grund für das Freitagsfasten der Kirche.

In unserem persönlichen Glaubensleben erfahren wir aber auch Tage, an denen wir eine innere Ferne zum Herrn erleben. Das wäre dann auch ein Grund zu fasten.

Dienstag der 2. Woche im Jahreskreis (Mk 2,23–28)

Es war damals erlaubt, beim Wandern durch die Felder Ähren abzureißen, um mit den Getreidekörnern den Hunger zu stillen. Da die Jünger dies aber an einem Sabbat tun, kommt es zum Streit Jesu mit den Pharisäern über das Sabbatgebot. Nach dem Buch Exodus (20,11) liegt der Sinn des Sabbats darin, dass Israel an der Ruhe Gottes teilnimmt. Israel ist also für den Sabbat Gottes da. Dieses Sabbatverständnis hatte sich zur Zeit Jesu bei den Pharisäern durchgesetzt. Aber nach dem Buch Deuteronomium (5,15) ist der Sabbat für Mensch und Tier da, um ihnen nach sechs Arbeitstagen Freiheit zu gewähren. So erklärt Jesus: „Der Sabbat ist für den Menschen da, nicht der Mensch für den Sabbat." Mit der Erinnerung an das Verhalten Davids zeigt Jesus, dass schon David nicht glaubte, Gott würde etwas für sich beanspruchen und damit dem Menschen vorenthalten.

Aber vielleicht sind wir in Gefahr, Gott vorzuenthalten, was ihm zusteht? Unsere Verehrung, unseren Lobpreis, unseren Dank in der Mitfeier der Sonntagsmesse?

Mittwoch der 2. Woche im Jahreskreis (Mk 3,1–6)

Nach dem Sabbatverständnis der Pharisäer musste der Mensch am Sabbat ganz für Gott da sein. Deshalb war jede Arbeit, auch das Heilen Kranker, am Sabbat verboten. Deshalb verstößt Jesus in den Augen der Pharisäer gegen das Sabbatgebot, wenn er den Mann jetzt heilt. Jesus aber denkt und argumentiert ganz anders: Ist es am Sabbat erlaubt, Gutes zu tun oder Böses, ein Leben zu retten oder zu vernichten? Den Kranken nicht zu heilen, hieße in seinen Augen, nicht Gutes, sondern Böses tun. Gott liebt die Menschen auch am Sabbat, denn seine Liebe zum Menschen kennt keine Grenzen. Das ist ja zentraler Inhalt der Botschaft Jesu.

Auf seine Frage hin schweigen die Pharisäer. Ihr Schweigen ist für Jesus ein Zeichen ihrer Verstocktheit. Nur konsequent ist deshalb ihr Beschluss, ihn umbringen zu wollen.

Donnerstag der 2. Woche im Jahreskreis (Mk 3,7–12)

Jesus hat sich mit den Jüngern wieder an den See von Galiläa zurückgezogen. Aber der Ruf seiner Taten hatte sich längst herumgesprochen. Kein Wunder, dass viele Menschen auch aus Judäa und Jerusalem, aus Idumäa im Süden und dem heidnischen Tyrus und Sidon im Norden zu ihm kommen. Hier war endlich einer, von dem man auch in aussichtslosen Fällen Hilfe erwarten konnte. Und die Begegnung mit Jesus wurde für sie zu einer wahren Wohltat. Weil er viele heilte, drängten immer mehr an ihn heran. Er musste seine Jünger beauftragen, ein Boot für ihn bereit zu halten, damit er von der Menge nicht erdrückt oder in den See gedrängt wurde. Alle spürten, dass von ihm Heil ausging.

Haben wir auch schon die Erfahrung machen dürfen, dass von Jesus Heil ausgeht?

Bei welchen Gelegenheiten war das?

Freitag der 2. Woche im Jahreskreis (Mk 3,13–19)

Jesus wählt aus seinem Jüngerkreis die zwölf aus, die man später Apostel nennen wird. Jedem damaligen Juden musste klar sein, was Jesus mit der Wahl von zwölf Männern sagen wollte. Unweigerlich war man an die zwölf Stämme Israels erinnert. Diese aber waren schon längst in zwei Königreiche getrennt. Bei den frommen Juden hatte sich durch die Generationen die Hoffnung lebendig erhalten, dass in der Endzeit, wenn der Messias kommen würde, die Einheit der zwölf Stämme wiederhergestellt würde.

Wenn nun Jesus zwölf Männer beruft, „damit sie mit ihm seien und damit er sie aussende", so setzt er ein eindeutiges Zeichen: Das ist der Neuanfang. Die Endzeit ist angebrochen. Durch mich ist der Neuanfang des Volkes Gottes gemacht. Das Reich Gottes ist da!

Da muss es uns traurig stimmen, dass auch dieses neue Gottesvolk in mehrere Kirchen gespalten wurde. Beten wir also darum, dass alle, die an Christus glauben, zur Einheit zurückfinden.

Samstag der 2. Woche im Jahreskreis (Mk 3,20–21)

Der Ruf Jesu hatte sich im ganzen Land so verbreitet, dass er nicht mehr zur Ruhe kam. Wieder kommen so viele Menschen zu ihm, dass er mit den Jüngern nicht einmal mehr in Ruhe essen kann.

Das jedoch bereitet seinen Verwandten Sorge. Sie sagen: Mit dem stimmt etwas nicht mehr. Er muss verrückt geworden sein. Deshalb machen sie sich auf den Weg zu ihm, um ihn mit Gewalt nach Hause zurückzuholen.

Menschen, die kein Organ haben für den Anspruch Gottes, Menschen die unfähig sind, Jesu Reden und Handeln als Gottes befreiendes Eingreifen in ihr Leben zu verstehen, versuchen, „ihn aus dem Verkehr zu ziehen".

Ähnliches können wir dann und wann auch heute erleben, wenn sich ein Mensch ganz ernsthaft in die Nachfolge Jesu stellen will.

Oft versuchen Freunde oder die eigene Familie, einen solchen von seiner Entscheidung wieder abzubringen.

Montag der 3. Woche im Jahreskreis (Mk 3,22–30)

Die Schriftgelehrten können die Erfolge Jesu bei den Dämonenaustreibungen nicht leugnen, wollen aber nicht zugeben, dass er im Namen Gottes handelt. Deshalb erklären sie ihn selbst für besessen. Er stehe im Bund mit dem Anführer der Dämonen und handle in dessen Vollmacht.

Darauf antwortet Jesus mit den Gleichnissen vom Reich und von der Familie und widerlegt den Vorwurf der Schriftgelehrten. Die Macht des Bösen ist gegen Gott gerichtet; wer sie zurückdrängt muss also auf Seiten Gottes stehen.

Im Folgenden sagt Jesus, das einzige Vergehen, das nicht vergeben werde, sei die Lästerung gegen den Heiligen Geist. Eine Lästerung ist im biblischen Verständnis ein Angriff auf Gottes Ehre und Macht. Sünden können vergeben werden, wenn der Sünder umkehrt und seine Gesinnung ändert. Es ist aber möglich, dass ein Mensch in seiner umkehrwidrigen Haltung verharrt und sich dadurch gegen das Heilswirken Gottes sträubt. Die Sünde wider den Heiligen Geist ist also das Verharren des Menschen im Widerspruch gegen Gott, wodurch er sich selbst vom Heil ausschließt.

Dienstag der 3. Woche im Jahreskreis (Mk 3,31–35)

Die Mutter und die Brüder Jesu kommen nach Kafarnaum, bleiben aber angesichts der Menschenmenge vor dem Haus stehen und lassen ihn herausrufen. Im Hebräischen und im Aramäischen gab es kein eigenes Wort für Vettern bzw. Cousins. Sie wurden pauschal als Brüder bezeichnet. Hier ist interessant, dass in Russland, wo es durchaus eigene Wörter für Cousins und Cousinen gibt, bis heute Vettern auch als Brüder bezeichnet werden.

In seiner Antwort macht Jesus deutlich, dass für ihn die Blutsverwandtschaft hinter der Gesinnungsverwandtschaft zurücktreten muss. Er hat sich von der Familie gelöst, um ganz Gott zu gehören (vgl. auch den Zwölfjährigen im Tempel!). Deshalb sind ihm jene Bruder, Schwester und Mutter, die wie er den Willen Gottes erfüllen. Das können auch Verwandte sein, sie sind es aber nicht notwendigerweise.

Mittwoch der 3. Woche im Jahreskreis (Mk 4,1–20)

Dass jemand Getreidesamen auch auf den Weg, auf felsigen Grund und unter die Dornen sät, hängt mit der damaligen Praxis in der Landwirtschaft zusammen. Darauf wollen wir jetzt nicht eingehen. Wichtiger ist für uns, was uns Jesus mit dem Gleichnis sagen will.

Unter denen, „die draußen sind", d. h. die noch nicht zu seinem Jüngerkreis zählen, gibt es solche, die das Wort Gottes, das er verkündet, zwar hören, sich ihm aber verschließen. Dann gibt es solche, die es zwar freudig aufnehmen, in denen es aber wegen ihrer Unbeständigkeit nicht wachsen kann. Weiterhin gibt es solche, die sich so an irdische Interessen binden, dass das Wort Gottes bei ihnen nicht zur Reife kommen kann. Schließlich aber gibt es jene, die Gottes Wort nicht nur hören, sondern auch in ihrem Herzen aufnehmen. Bei ihnen bringt es dann reiche Frucht.

Damit stellt uns Jesus vor die Frage: Zu welcher dieser Menschengruppen gehöre ich?

Donnerstag der 3. Woche im Jahreskreis (Mk 4,21–25)

Wenn einer Ohren hat, mit denen er hören kann, so soll er wirklich hören! Wozu zündet man denn ein Licht an? Zweifellos, damit es im Umkreis des Lichtes heller wird. Alles Verborgene ist dazu da, dass es offenbar werde. Wenn Gott nun seine Botschaft vom Reich Gottes in die Gemeinde der Jünger hinein verborgen hat, dann deshalb, weil er will, dass es als seine frohe Botschaft in der Welt aufleuchtet.

Heute sind *wir* diejenigen, denen das Evangelium anvertraut wurde. Darum ist es nun unsere Aufgabe, es in der Welt bekannt zu machen und aufleuchten zu lassen.

Haben wir schon darüber nachgedacht, wie wir das tun können?

Freitag der 3. Woche im Jahreskreis (Mk 4,26–34)

Jesus versichert den Jüngern, dass dem Reich Gottes die Zukunft gehöre. So sicher wie die Aussaat des Bauern ohne sein Zutun keimt und wächst und reift, so gewiss wird das Reich Gottes in dieser Welt durch Gottes Handeln zur Reife kommen.

Mag der Anfang des Gottesreiches auch noch so winzig und unscheinbar wie ein Senfkorn sein! In diesem Anfang liegt schon das Unterpfand dafür, dass es am Ende alle Welt umfassen wird.

Es gibt also weder für die Jünger am Anfang noch für uns heute einen Grund zu klagen oder zu verzweifeln, wenn die Gottesherrschaft noch nicht zum großen Durchbruch gekommen ist.

Dieses Vertrauen auf das verborgene Wirken Gottes hat die Kirche auch heute sehr nötig.

Uns selber aber dürfen wir fragen: Ist Gott in mir schon zur Herrschaft gekommen?

Samstag der 3. Woche im Jahreskreis (Mk 4,35–41)

Jesus ist es, der die Jünger veranlasst, über den See zu fahren.

Während der Überfahrt schläft er sorglos im Boot. Die Jünger aber haben Angst ums Überleben.

Deshalb macht ihnen Jesus Vorhaltungen: „Warum seid ihr feige? (EÜ schwächt hier stark ab.) Habt ihr noch keinen Glauben?"

Der Glaube der Jünger muss sich darin zeigen, dass sie bereit sind, auf Jesu Veranlassung hin Gefahren anzunehmen.

Die Lehre für uns lautet also: Wo Christen aus Angst und Feigheit Gefahren aus dem Weg gehen, in die sie um des Reiches Gottes und des Evangeliums willen geraten, da beginnt der Unglaube.

Haben wir also Mut und vertrauen wir auf den Herrn, wenn uns das Bekenntnis des Glaubens von anderen schwer gemacht wird!

Montag der 4. Woche im Jahreskreis (Mk 5,1–20)

Jesus kommt an das andere Ufer des Sees von Tiberias, also in die Dekapolis, d. h. in heidnisches Gebiet. Noch am Ufer des Sees heilt er einen von Dämonen besessenen Mann. Dabei lässt er die Dämonen in eine Schweineherde fahren, die sich daraufhin selbst im See ertränkt. Die Reaktion der Einwohner jener Gegend? Als sie erfahren, dass sie ihre Schweine verloren haben, bitten sie Jesus, ihr Gebiet zu verlassen. Die heilende Begegnung Jesu mit den Menschen darf keineswegs dazu führen, dass sie etwas von ihrem Besitz verlieren. – Sind uns auch materielle Interessen wichtiger als die Nähe zu Jesus?

Und der Geheilte? Er bittet, bei Jesus bleiben zu dürfen. Vielleicht weiß er sich ihm in Dankbarkeit verpflichtet. Vielleicht möchte er einfach in der Nähe dessen bleiben, der ihn befreit hat. Aber Jesus duldet das nicht. Er hätte als „geheilter Heide" in Israel keine Heimat gehabt. Jesus sendet ihn zu seiner Familie zurück; dort soll er verkünden, wie sich der Herr seiner erbarmt und ihn befreit hat. – Das dürfen wir sicher auch als Signal für uns verstehen.

Dienstag der 4. Woche im Jahreskreis (Mk 5,21–43)

Da nimmt eine Frau nach zwölf Jahren Krankheit allen Mut zusammen und drängt sich durch die Menschenmenge von hinten an Jesus heran. Sie hätte das gar nicht tun dürfen, denn wegen ihrer Blutungen galt sie als religiös unrein. Aber in ihrer Verzweiflung setzt sie alles auf eine Karte: auf Jesus. Wenn überhaupt einer, dann kann er ihr helfen. Die Reaktion Jesu? Er sagt: „Dein Glaube hat dir geholfen" und heilt sie.

Als Jesus in das Haus des Synagogenvorstehers kommt, um dessen Tochter zu heilen, kommen die Leute schon entgegen und rufen: „Deine Tochter ist gestorben. Warum bemühst du den Meister noch länger?" Jesus aber sagt zu Jairus: „Sei ohne Furcht, glaube nur!" Dann geht er in das Haus, nimmt das Kind an der Hand und heißt es aufstehen. Da erhebt sich das Mädchen und geht umher.

Diese Erzählung zeigt uns, dass wir niemals Grund haben, die Skepsis oder Abweisung anderer zu teilen, wenn wir uns glaubend Jesus zuwenden.

Mittwoch der 4. Woche im Jahreskreis (Mk 6,1b–6)

Jesus ist in seine Heimatstadt Nazaret gekommen und lehrt dort in der Synagoge. Die Zuhörer staunen über seine Weisheit, aber sie können sich keinen Reim darauf machen. Denn im Grunde kennen sie ihn ja. Er ist ja der Sohn der Maria, der bis vor kurzem noch als Bauhandwerker hier gearbeitet hat. Und seine Verwandten, die hier wohnen, kennen wir doch auch. Er ist also einer von uns, einer wie wir und nichts anderes. Die Leute in seiner Heimatstadt sind in ihrem Vorurteil befangen. Wer aber anderen mit Vorurteilen begegnet, ist blind. Er nimmt den anderen nicht als den wahr, der er tatsächlich ist, sondern nur als den, der er nach der Maßgabe des Vorurteils zu sein hat. Konsequenz: Sie lehnen ihn ab und nehmen Anstoß an ihm. Jesus erkennt das, verlässt Nazaret und geht in andere Orte, um dort zu lehren.

Und wir? Begegnen wir auch manchmal anderen mit Vorurteilen? Wir wissen von seiner bzw. ihrer Familie oder von seiner bzw. ihrer Vergangenheit dies und jenes; also ist er so und so, kann gar nicht anders sein. – Und haben nicht manche auch Jesus gegenüber ihre Vorurteile gebildet, die sie unfähig machen, ihn als *den* zu akzeptieren, der er in Wahrheit ist: Gottes Sohn, unser Erlöser?

Donnerstag der 4. Woche im Jahreskreis (Mk 6,7–13)

Jesus kann selbst nicht in alle Ortschaften gehen, um Gottes Heilswirken anzuzeigen. Deshalb sendet er nun die Zwölf, die er ausgewählt hatte, in die Ortschaften, in die er selbst nicht gehen konnte. Denn Gottes Heilsbotschaft soll zu *allen* Menschen kommen. Die Zwölf waren nun lange genug bei ihm, um in seinem Geist zu wirken und die Menschen zur Umkehr aufzurufen. Er stattet sie dafür noch mit der Vollmacht über die Dämonen aus. Durch einfaches und bescheidenes Auftreten soll ihre Botschaft glaubwürdig sein.

Zugleich wird ihr Wirken aber zu einem Gerichtsurteil über jene, welche die Botschaft vom Reich Gottes nicht hören wollen. Zum Zeugnis gegen sie sollen die Zwölf in einem solchen Ort nicht bleiben. Die Ablehnung der Botschaft Jesu hat Konsequenzen. Darüber sollen sich jene nicht hinwegtäuschen, die nicht hören wollen.

Doch die Zwölf haben Erfolg und erfahren große Zustimmung: Sie treiben viele Dämonen aus und heilen viele Kranke.

Freitag der 4. Woche im Jahreskreis (Mk 6,14-29)

Für die Menschen in Galiläa war Jesus etwas Besonderes. Sie hatten erkannt, dass er nicht bloß ein besonders frommer Mann war. Sie vergleichen ihn mit den früheren Propheten wie Elija oder auch Johannes dem Täufer. Aber sie kommen nicht darauf, dass er der Messias sein könnte. Und warum? Vom Auftreten des Messias erwarteten sie, dass er politische Macht anstreben, ja sogar die römische Besatzungsmacht aus dem Land jagen und die zwölf Stämme Israels wieder in einem Reich vereinigen werde. Dazu aber machte Jesus keinerlei Anstalten. Er lehrte die Menschen, heilte Kranke und Besessene, kümmerte sich um die Menschen am Rande der Gesellschaft: Ausgestoßene und Entrechtete.

Sprechen wir heute nicht auch vorrangig über jene, die Macht in der Welt ausüben? Sie stehen im Rampenlicht der Medien. Solche, die sich, oft unter eigenen Opfern, der Hilflosen, der Armen, der Belächelten und lächerlich Gemachten annehmen, haben keine große Lobby und erhalten nur sporadisch Unterstützung. Und wenn, dann meistens nur solange, als sie sich dabei nicht auf Gottes Liebe zu den Menschen berufen.

Samstag der 4. Woche im Jahreskreis (Mk 6,30-34)

Jesus weiß, dass uns Menschen Grenzen gesetzt sind. Er weiß, dass wir nicht unentwegt arbeiten und schuften können, sondern auch Erholung brauchen und Gelegenheit, wieder „aufzutanken". Deshalb sucht er mit den Aposteln nach ihrer Rückkehr einen einsamen Ort auf, wo sie mit ihm allein sind und ausruhen können. Allein – aber unter Brüdern und mit dem Herrn. Das Alleinsein alleine macht es nicht aus, die Gemeinschaft Gleichgesinnter und die Gemeinschaft mit dem Herrn ist wichtig.

Das sollten auch wir bedenken, sonst wächst uns die Arbeit über den Kopf oder wir werden zu nur noch funktionierenden Robotern.

Montag der 5. Woche im Jahreskreis (Mk 6,53–56)

Jesus befindet sich immer noch in Galiläa. Der Ort Gennesaret befand sich am Westufer des Sees. Das Volk sucht unvermindert seine Nähe. Man sucht ihn als Volksheiland und Wundertäter auf und er akzeptiert das. Mit den Heilungen verbindet er seine Lehre. Aber ein tieferer Glaube keimt in den Menschen nicht auf. So tritt allmählich eine innere Entfremdung zwischen Jesus und dem galiläischen Volk ein. Bald wird er nach dem Markusevangelium in entferntere Gegenden aufbrechen.

Die Leser des Evangeliums sollen erkennen: Die Menschen müssen Jesus in einem tieferen Sinn „berühren" als die Galiläer, die nur sein Gewand berühren wollten, um geheilt zu werden. Man muss an ihn glauben als den Messias, den Gottessohn, in dem die Herrschaft Gottes zu den Menschen gekommen ist. Darin gründet ja auch alle Heilung, die von ihm ausgeht.

Dienstag der 5. Woche im Jahreskreis (Mk 7,1–13)

Nach alter religiöser Tradition im Judentum musste man sich vor dem Essen die Hände waschen. Die Pharisäer und Schriftgelehrten nahmen daran Anstoß, dass sich die Jünger Jesu nicht daran hielten. Daraufhin bezeichnet Jesus sie als Heuchler, die nur menschliche Satzungen halten und dabei Gottes Gebot außer Kraft setzen. Sie vertraten nämlich den Standpunkt, dass das Recht Gottes über jedem Recht von Menschen stehe. Deshalb spielt Jesus auf das vierte Gebot an:

Kinder waren verpflichtet, für ihre alten, auf Hilfe angewiesenen Eltern zu sorgen. Wenn aber nach jüdischer Tradition einer das Korbán-Gelübde ablegte, also sagte: Was von Rechts wegen meinen Eltern zusteht, das soll nun ein Weihegeschenk an den Tempel, also ein Geschenk für Gott sein, dann war er nach geltendem Recht von der Sorge für seine Eltern entpflichtet, auch wenn diese dadurch in ärgste Not gerieten. Damit aber war das vierte Gebot außer Kraft gesetzt. Jesus lehrt dagegen, dass der Wille Gottes nie gegen Liebe und Barmherzigkeit gegenüber den Menschen ausgelegt werden darf.

Mittwoch der 5. Woche im Jahreskreis (Mk 7,14–23)

Das Böse sagt Jesus, kommt aus dem Herzen des Menschen. Im Inneren des Menschen entstehen und wachsen all die Gedanken, die ihn schließlich zum Tun des Bösen anstiften. Was der Mensch mit dem Mund aufnimmt, macht ihn nicht unrein; der Körper scheidet es wieder aus. Deshalb sind die Speisegesetze der Juden völlig unnötig.

Warum aber nimmt Markus dieses Thema in sein Evangelium auf? Er ist wohl besorgt, die Christengemeinde könnte in eine veräußerlichte Frömmigkeit zurückfallen. Anstatt wirklich in herzlicher Gemeinschaft mit dem Herrn zu leben, kann der Mensch nämlich in fromme Betriebsamkeit verfallen. Das Beachten äußerlicher religiöser Formen und Formeln kann zu der Einbildung führen, ein frommer Mensch zu sein. Entscheidend aber ist die Verbundenheit mit dem Herrn, die aus dem Herzen kommt und im Herzen verankert ist, die uns deshalb tun lässt, was der Herr von uns will.

Donnerstag der 5. Woche im Jahreskreis (Mk 7,24–30)

Jesus hat sich vorübergehend auf heidnisches Gebiet begeben. Da kommt eine Heidin zu ihm mit der Bitte, er möge den Dämon aus ihrer Tochter austreiben. Wenn Jesus antwortet, sie solle zuerst die Kinder satt werden lassen, so meint er damit die Juden, zu denen er sich zunächst von Gott gesendet weiß. Denn die Juden sind ja Gottes ersterwähltes Volk und insofern seine Kinder. Als aber die Frau erwidert, auch die Hunde bekämen von dem Brot zu essen, das die Kinder unter den Tisch fallen lassen, lenkt er ein und sagt: „Weil du das gesagt hast, sage ich dir: Geh nach Hause, der Dämon hat deine Tochter verlassen." Und so war es.

Der Evangelist erinnert hier seine Leser, die aus dem Heidentum gekommen waren, daran, dass das Evangelium von den Juden zu ihnen gekommen war. Zugleich sagt er damit, dass die Missionierung der Heiden bereits der Wille Jesu gewesen war.

An uns liegt es, die befreiende Botschaft, dass Gott allen Menschen Rettung und Heil schenken will, all denen zu bringen, die bereit sind, sie anzunehmen.

Freitag der 5. Woche im Jahreskreis (Mk 7,31–37)

Man bringt einen Taubstummen zu Jesus. Der Kranke kann nicht wissen, warum und was jetzt geschehen soll. Niemand konnte es ihm sagen. Jesus nimmt ihn beiseite und deutet ihm damit an, dass es jetzt nur um ihn ganz alleine geht. Er gibt ihm zu verstehen, dass er ihn heilen will, indem er ihm seine Finger in die Ohren und auf die Zunge legt. Dann aber gibt er ihm noch zu verstehen, durch wessen Kraft das geschehen wird: Er blickt zum Himmel auf. Dann sagt er zu dem Taubstummen: Öffne dich! Und sogleich kann dieser hören und sprechen.

Jesus befindet sich dabei im Gebiet der Dekapolis, also östlich des Sees von Tiberias, in vorwiegend heidnischem Land. Wenn er auch dort Kranke heilt, heißt das: Gott nimmt sich nicht nur der Juden an; das Heilswirken Jesu soll auch an den Heiden geschehen. Auch für sie ist er in die Welt gekommen. Auch an ihnen soll Gottes Heil offenbar werden.

Samstag der 5. Woche im Jahreskreis (Mk 8,1–10)

Schon drei Tage sind die vielen Menschen bei Jesus, doch sie haben nichts zu essen bei sich und sie befinden sich in einer unbewohnten Gegend. Das erinnert jüdische Ohren an Israel in der Wüste. So erscheint Jesus hier als ein zweiter Mose, der dem Volk Speise gibt.

Für die frühe Christengemeinde bedeutet das Ereignis einen Hinweis auf die Eucharistie, in der Jesus den Menschen auf ihrer irdischen Wanderung sich selbst als Speise für das ewige Leben gibt. Die Szene ist auch ganz dem Letzten Abendmahl nachgebildet: Jesus nimmt die Brote, spricht ein Dankgebet, bricht die Brote und gibt sie dann den Jüngern zum Verteilen. Und alle essen und werden satt, man sammelt sogar noch sieben Körbe voll übrig gebliebener Brotstücke ein.

Markus will seinen Lesern sagen: Ähnlich wie es damals war, ist es im Abendmahlssaal geschehen und so geschieht es heute noch, wenn ihr miteinander die Eucharistie feiert. Nur – das Brot, das euch der Herr heute reicht, ist sein Leib, den er am Kreuz für euch hingegeben hat. Und der Kelch ist sein Blut, das er für euch vergossen hat, damit ihr in seinem Bund, also ganz mit ihm verbunden und vereint, leben könnt.

Montag der 6. Woche im Jahreskreis (Mk 8,11–13)

Die Pharisäer fordern von Jesus ein Zeichen vom Himmel. Sie können nicht leugnen, dass in seinem Verhalten etwas Außergewöhnliches und Prophetisches liegt. Aber sie glauben nicht an seine göttliche Sendung. Deshalb wollen sie ihn zu Fall bringen. Wenn er nun kein Zeichen vom Himmel wirkt, ist er in ihren Augen als falscher Prophet entlarvt.

Jesus entgegnet ihnen: „Was fordert diese Generation ein Zeichen?" Die Formulierung „diese Generation" kennen wir aus dem Alten Testament. So werden dort die Sintflutgeneration und die gegen Gott und Mose murrenden Israeliten bezeichnet, Menschen denen der Glaube fehlte. Die Pharisäer hatten so viele seiner Taten erlebt, das waren Zeichen genug vom Himmel. Aber sie sind verstockt und *wollen* nicht glauben. Und deshalb verweigert ihnen Jesus ein Zeichen. Jesus wirkt keine Show-Wunder. Immer wieder hat er seine Heilungswunder mit dem Wort kommentiert: „Dein *Glaube* hat dir geholfen."

Dienstag der 6. Woche im Jahreskreis (Mk 8,14–21)

Die Jünger haben ein Problem: Sie hatten vor der Überfahrt vergessen, Brot mitzunehmen. Die Gedanken Jesu sind noch bei der letzten Begegnung mit den Pharisäern. So sagt er: „Gebt acht, hütet euch vor dem Sauerteig der Pharisäer und dem Sauerteig des Herodes!" Aber sie gehen auf seine Worte gar nicht ein, sondern machen sich nur Sorgen, weil sie nicht genug Brot dabei haben.

Darauf reagiert Jesus mit harten Vorwürfen. Er erinnert sie an die beiden Zeichen der Brotvermehrung. Daraus sollten sie gelernt haben, dass sie sich nicht um ein bisschen Brot sorgen müssen. Viel wichtiger ist die Haltung der Pharisäer, vor deren Sauerteig sie sich hüten sollen. Der Sauerteig war im Judentum ein Bild für eine den Menschen innerlich treibende Kraft, meist im schlechten Sinn, also einen „bösen Trieb", etwa die Verweigerung des Glaubens. Davor warnt Jesus die Jünger – und mit ihnen uns –, wenn er sie vor dem Sauerteig der Pharisäer und dem Sauerteig des Herodes warnt.

Mittwoch der 6. Woche im Jahreskreis (Mk 8,22–26)

Man bringt einen Blinden zu Jesus, damit er ihn berühre. Jesus nimmt ihn an der Hand und führt ihn vor das Dorf hinaus. So kann der Blinde erkennen, dass sich Jesus mit ihm allein beschäftigen will. Damals galt der Speichel in der Volksanschauung als Heilmittel. Jesus bestreicht die Augen des Blinden mit Speichel und legt ihm die Hände auf. Im Folgenden entwickelt der Erzähler eine eigene Dramaturgie. Damit will er auf die besonders große Heilkraft Jesu hinweisen: Zuerst sieht der Mann nur verschwommen. Jesus legt ihm nochmals die Hände auf, und nun sieht er klar und deutlich.

Der Herr hat ihm die Augen geöffnet. Diese Begebenheit erinnert uns an das unmittelbar vorausgehende Wort Jesu an seine Jünger: „Habt ihr denn keine Augen, um zu sehen?"

Haben *wir* immer Augen, um zu sehen und zu erkennen, was der Herr von uns will, was der Wille Gottes ist?

Donnerstag der 6. Woche im Jahreskreis (Mk 8,27–33)

Heute spricht Jesus die Frage aus, die der Evangelist uns Lesern im Grunde schon die ganze Zeit stellt: Wer ist dieser Jesus, der Kranke heilt, Dämonen austreibt, die Botschaft vom Reich Gottes verkündet, mit den Pharisäern und Schriftgelehrten streitet. Heute fragt Jesus seine Jünger: „Für wen halten mich die Menschen?" Und dann: „Für wen haltet ihr mich?" Eindeutig lautet die Antwort des Sprechers der Apostel, Petrus: „Du bist der Messias."

Jesus lässt die Antwort gelten, verbietet ihnen aber, darüber mit jemand zu sprechen. Dies hätte nämlich zu Missverständnissen geführt. Für die Juden war der Messias ein irdisch-nationaler Befreier. Doch ein solcher wollte Jesus nicht sein. Konsequent schließt sich dann die Leidensankündigung an, die überhaupt nicht zum jüdischen Messiasverständnis gepasst hätte. Durch Leiden und Tod wird der Messias die Menschen erlösen und ihnen in seiner Auferstehung das Tor zum Leben in Fülle öffnen.

Wir wollen dem Herrn dafür dankbar sein – und auch traurig darüber, dass er unserer Sünden wegen leiden musste.

Freitag der 6. Woche im Jahreskreis (Mk 8,34–9,1)

Jesus spricht von der Kreuzesnachfolge. Diese wird von jedem verlangt, der sein Jünger sein will, also wirklich zur Gemeinde der ihm und an ihn Glaubenden gehören will. Von solchen Menschen wird verlangt, ihr eigenes Leben zurückzustellen, wenn es die Nachfolge Jesu erfordert, sich selbst und dem eigenen Streben abzusagen, um Jesus und Gott anzugehören. Auf solche Weise gewinnt der Mensch die wahre Freiheit über sich selbst und kann sich ganz Gott zur Verfügung stellen. Wer so handelt, wird seine ganze Existenz retten, und zwar hinein in die endgültige Zukunft, in das ewige Leben. Dieses zu gewinnen, sollte unser eigentliches Ziel sein. Deshalb müssen wir uns, auch wenn es schwer fallen sollte, vor den Menschen zu Jesus bekennen und auf seine Seite stellen.

Samstag der 6. Woche im Jahreskreis (Mk 9,2–13)

Auf dem Berg wird Jesus vor den Augen der Jünger verwandelt. Bei ihm erscheinen Elija und Mose und reden mit ihm. Nach jüdischer Überzeugung sind Mose und Elija nicht gestorben, sondern in den Himmel entrückt worden. Die Kleider Jesu „wurden strahlend weiß, wie sie auf Erden kein Bleicher machen kann." Das himmlische Leben der Gerechten nach ihrer Auferstehung wurde im Judentum mit einem neuen, strahlenden Kleid verglichen. Die Jünger erfahren also eine Vorwegnahme der himmlischen Existenz Jesu.

Der Evangelist, der unmittelbar zuvor von der Notwendigkeit der Kreuzesnachfolge gesprochen hat, will den Christen sagen: Das ist eure Zukunft, wenn ihr dem Herrn die Treue haltet. Wie Mose und Elija werdet ihr mit ihm zusammen im Reich Gottes ewig und herrlich leben.

Montag der 7. Woche im Jahreskreis (Mk 9,14–29)

Sehr anschaulich beschreibt der Evangelist die Krankheit des Jungen, der offensichtlich an Epilepsie leidet. Und grundehrlich sagt der Vater des Jungen zu Jesus: „Wenn du kannst, hilf uns; hab Mitleid mit uns!" Und dann: „Ich glaube; hilf meinem Unglauben!" Könnten diese Worte nicht auch wir gesprochen haben? Der Mann hat ein brennendes Verlangen zu glauben, und ist sich doch seiner Glaubensschwäche bewusst. Glaube und Unglaube nisten oft nahe beieinander in uns. Darunter können wir immer wieder leiden. Aber diese Erzählung macht uns Mut, denn wir sehen: Ein ehrliches Gebet nimmt der Herr an, wie er sich hier der inneren und äußeren Not des Vaters angenommen hat.

Wir haben also keine Veranlassung, wegen unserer Glaubensnot zu verzweifeln, solange wir uns nach dem vollen Glauben sehnen und darum beten.

Dienstag der 7. Woche im Jahreskreis (Mk 9,30–37)

Jesus kündigt den Jüngern ein zweites Mal sein bevorstehendes Leiden, seinen Tod und seine Auferstehung an. Er will ihnen seinen Weg einsichtig machen. Doch sie verstehen nicht, sie beschäftigen sich mit etwas ganz Anderem. Sie sprechen darüber, wer von ihnen der Größte sei.

Da erteilt ihnen der Herr eine Lektion. Wer groß sein will, soll der Kleinste, ein Diener aller sein. Nicht von oben herab sollen seine Jünger den Menschen begegnen, sondern sich in unmittelbarem Kontakt um die kümmern, die von den Leuten normalerweise übersehen und übergangen werden, weil sie nichts Besonderes sind oder können. Um das zu illustrieren nimmt er ein Kind in seine Arme. Kindern sprach man damals nicht die gleiche Würde zu wie Erwachsenen. Wer sich um der Kleinen willen klein macht, der wird dem Herrn nahe sein.

Mittwoch der 7. Woche im Jahreskreis (Mk 9,38–40)

Johannes klagt, dass einer, der nicht zur Jüngergemeinde gehörte, im Namen Jesu Dämonen austrieb. In seiner Antwort gestattet dies Jesus und sagt: „Wer nicht gegen uns ist, ist für uns." Das ist ein Wort großer Toleranz. Aus ihm spricht eine geistige Weite, die sich über enges Gruppendenken erhebt. Jesus ist gekommen, um mit unendlicher Liebe und Geduld das Gute zu suchen und zu bestärken, gegen alle bösen und gottfeindlichen Mächte anzugehen. Wenn es nun außerhalb der Jüngergemeinde, sprich: außerhalb der Kirche, Menschen gibt, die sich in bester Absicht für eine gute Sache einsetzen, dann respektiert er das. Damit wendet sich Jesus gegen eine sektenhafte Abschließung der Seinen, gegen einen Rückzug ins kirchliche Ghetto.

Haben wir Christen auch diese Weite des Geistes wie unser Herr?

Donnerstag der 7. Woche im Jahreskreis (Mk 9,41–50)

Was meint Jesus mit dem rätselhaften Wort „Wer einen von diesen Kleinen, die an mich glauben, zum Bösen verführt, ..."? Mit den „Kleinen" spricht Jesus nicht von Minderjährigen; für diese stünde hier ein anderes griechisches Wort (nämlich „paidion", nicht „mikron"). Die Kleinen, die an ihn glauben, sind vielmehr die Geringen und Unterprivilegierten in seiner Jüngergemeinde. Und das griechische Wort (skandalizein), das in der EÜ mit „zum Bösen verführen" übersetzt wird, bedeutet eigentlich „jemand zu Fall bringen", nämlich zum Abfall vom Glauben an Jesus und von der Nachfolge Jesu. Für einen, der solches tut, wäre es besser, nicht geboren worden zu sein.

Im Folgenden redet Jesus nicht einer Selbstverstümmelung das Wort. Er spricht davon, dass ein Glaubender auch sich selbst, durch einen Zug der eigenen Persönlichkeit, des eigenen Naturells, „zu Fall bringen" kann. Dann soll er sich von diesem Charakterzug trennen, anstatt vom Glauben und von Jesus.

Freitag der 7. Woche im Jahreskreis (Mk 10,1–12)

Im damaligen Judentum gab es bereits eine Diskussion über die Rechtmäßigkeit von Ehescheidung. Die Pharisäer fragen Jesus, ob ein Mann seine Frau aus der Ehe entlassen darf. Jesus antwortet ihnen mit der Gegenfrage: Was hat euch Mose vorgeschrieben? Dieser Frage weichen die Pharisäer aus, indem sie nicht erklären, was Mose geboten, sondern was er – unter bestimmten Umständen – erlaubt hat. Die Antwort auf die Frage, was Mose vorgeschrieben hat, hätte nämlich ganz einfach gelautet: „Mose hat uns geboten, für die Frau zu sorgen."

Jene Ausnahmeregelungen, auf welche die Pharisäer abzielten, sagt Jesus, hat euch Mose nur zugestanden, weil ihr so hartherzig seid, nämlich abgestumpft gegen den eigentlichen und ursprünglichen Willen Gottes. Darum verweist Jesus auf das Buch Genesis und erklärt: „Was Gott verbunden hat, darf der Mensch nicht trennen." Dieses Grundsätzliche bleibt bestehen.

Auf die vielen anderen Fragen, die wir heute zu diesem Thema stellen, geht der Evangelist hier nicht ein.

Samstag der 7. Woche im Jahreskreis (Mk 10,13–16)

Die Leute bringen Kinder zu Jesus, damit er ihnen die Hände auflege. Die Jünger aber weisen die Leute ab. Darauf reagiert Jesus: „Lasst die Kinder zu mir kommen! Menschen wie ihnen gehört das Reich Gottes."

Denn das Reich Gottes ist für jeden da, egal ob groß oder klein, ob Sünder oder Gerechter. Dieses rettende Angebot hat uns Gott in Jesus gemacht. Wer sein Angebot annehmen will, muss nichts vorweisen oder darstellen. Er kann so unscheinbar sein, so unbedeutend erscheinen wie ein Kind. Nur eines wird gefordert:

Der Mensch muss glauben, das heißt sich Gott vorbehaltlos anvertrauen wie ein Kind seinen Eltern vertraut.

Montag der 8. Woche im Jahreskreis (Mk 10,17–27)

Ein Mann fragt, was er tun müsse, um das ewige Leben zu gewinnen. Jesu Antwort ist ganz einfach: Halte die Zehn Gebote! Doch zu seinem Erstaunen erklärt nun der andere: „Meister, all diese Gebote habe ich von Jugend an befolgt."
Das berührt Jesus innerlich. Deshalb will er den Mann für einen neuen Weg gewinnen: für seine Nachfolge. Dafür aber müsste er seinen Reichtum aufgeben und das einfache Leben Jesu teilen. Da geht der andere betrübt weg; er will sich von seinem großen Vermögen nicht trennen. Jesus weist seine Jünger nun darauf hin, wie schwer es für Menschen, die viel besitzen, ist, in das Reich Gottes zu kommen.
Jesus unterscheidet hier deutlich zwischen dem ewigen Leben und dem Reich Gottes. Um nach dem Tod das ewige Leben zu gewinnen, reicht es, die Zehn Gebote zu halten. Mit Reich Gottes aber meint er, ihm jetzt auf Erden schon ungeteilt und ganz nachzufolgen. Das Reich Gottes ist ja in Jesus schon da. Wer also mit ihm geht, wer lebt, redet und handelt wie er, ist jetzt schon im Reich Gottes.

Dienstag der 8. Woche (Mk 10,28–31)

Unserem Evangelium geht das Wort Jesu unmittelbar voraus, dass auch ein Reicher gerettet werden kann. Da liegt der Einwand nahe: Ja was haben dann diejenigen voraus, die schon auf Erden alles verlassen haben, um Jesus nachzufolgen? Sind sie dann am Ende nicht die Dummen? Das ist der Hintergrund für die Antwort des Petrus: „Wir haben alles verlassen und sind dir nachgefolgt." Bei Matthäus fügt Petrus noch hinzu: „Was werden wir dafür bekommen?"
Die Antwort Jesu haben wir gehört: Jeder, der um seinetwillen Haus, Besitz und Familie verlassen und auf eigene Familie verzichtet hat, wird all das schon in dieser Zeit erhalten – nämlich Geborgenheit und Sicherheit in der Glaubensgemeinschaft – und in der kommenden Welt das ewige Leben.
Diese Zukunft aber ist kein fester Besitz, auf den wir pochen könnten, denn „viele, die jetzt die Ersten sind, werden dann die Letzten sein, und die Letzten werden die Ersten sein". Nicht dass es schlecht wäre, jetzt ein Erster zu sein; es kommt immer darauf an, *wie* einer Erster ist, egal ob er Bischof, Pfarrer oder Äbtissin ist.

Mittwoch der 8. Woche im Jahreskreis (Mk 10,32–45)

Jesus kündigt den Jüngern zum dritten Mal sein Leiden und seine Auferstehung an. Doch da haben Jakobus und Johannes nichts Wichtigeres zu tun, als um die Ehrenplätze im Reich Gottes zu bitten. Damit zeigen sie, dass sie noch überhaupt nichts begriffen haben. Es geht ihnen wohl um die Nähe zum Herrn, aber ebenso um ihre eigene Ehre. Es ist wie gestern bei Petrus, der Angst hatte, im Reich Gottes zu kurz zu kommen. Da hatte ihm Jesus geantwortet, dass viele, die jetzt Erste sind, Letzte sein werden. Nun wollen die Zebedäussöhne sich gleich für das Reich Gottes die besten Plätze sichern. Kein Wunder, dass das die anderen Jünger erbost. Schleimer und Ehrgeizlinge sind nicht gut angesehen.

Jesus aber macht ihnen in seiner Antwort klar, dass einer, der in seinem Reich auf Ehrenplätze spekuliert, Gott nicht ernst nimmt. Der Vater wird über die endgültige Rangordnung bestimmen, sofern es im Reich Gottes – außer für Gott selbst – überhaupt noch eine Rangordnung geben wird.

Donnerstag der 8. Woche im Jahreskreis (Mk 10,46–52)

An der Straße sitzt ein blinder Bettler und hört ungewöhnliches Stimmengewirr. Als er hört, dass Jesus vorübergeht, ruft er: „Sohn Davids, Jesus, hab Erbarmen mit mir!" Er spricht Jesus mit dem Hoheitstitel „Sohn Davids" an, das ist ein Glaubensbekenntnis. Während die Leute ihn zum Schweigen bringen wollen – Blinde waren aus der Gottesdienstgemeinde ausgeschlossen, denn Erblindung galt als Folge schlimmer Sünde – lässt ihn Jesus zu sich rufen und fragt ihn, was er von ihm wolle. Die Antwort des Bettlers ist eindeutig: Er will kein Almosen von ihm, sondern Heilung. Jesus heilt ihn und erklärt ihm und den anderen den Grund der Heilung: sein Glaube. Der Glaube verbindet den Menschen mit Jesus, und die Verbundenheit mit Jesus hat das Heil des Menschen zur Folge.

Der Blinde geht aber nicht weg, sondern schließt sich Jesus an und folgt ihm auf seinem Weg. Jesus schenkt dem, der von allen verachtet war, seine Weggemeinschaft. Nachfolge Jesu ist Konsequenz des Glaubens.

Jesus nachfolgen heißt aber auch: Handeln wie er. Deshalb die Frage an uns: Nehmen wir die Menschen an unserem Lebensweg wahr, die von uns Hilfe erhoffen? Dürfen sie mit uns rechnen? Egal, was andere von ihnen denken?

Freitag der 8. Woche im Jahreskreis (Mk 11,11–25)

Unser erster Eindruck: ein zorniger Jesus, der sich nicht beherrschen kann und im Tempelbezirk zu randalieren beginnt. Wenn wir aber genauer lesen, stellen wir fest, dass es sich um eine wohlüberlegte Aktion handelt. Jesus ist mit seinen Jüngern auf Wallfahrt zum Tempel in Jerusalem. Nach seiner Ankunft geht er in den Tempel, um sich alles anzusehen, und ist entsetzt. Dann geht er hinaus nach Betanien, einem Vorort, um dort ein Nachtquartier zu beziehen. Als er am nächsten Morgen wieder in den Tempel geht, steht sein Plan fest: Er geht massiv gegen die Händler und Geldwechsler vor, die im Tempelbezirk ihre Geschäfte betreiben. Was wirft Jesus den Leuten vor? Sie haben das Haus Gottes zu einer Räuberhöhle gemacht. Sie nützen den Tempel für ihre Geschäfte. Er soll aber ein Haus des Gebetes sein. Die Situation erinnert uns an die Devotionalien- und Andenkenhändler an unseren Wallfahrtsorten. Manche Wallfahrer halten sich dort länger auf als in der Kirche. Der Kauf scheinbar frommer Gegenstände scheint vielen wichtiger zu sein als das Gebet. – Und manche Gottesdienste in unseren Kirchen? Lenkt da nicht auch manches eher von Gott ab als dass es zu ihm hinführt? Z. B. ein Kirchenchor oder eine Band vorn im Altarraum – lenkt das nicht eher von Gott und vom Gebet ab? Was würde Jesus heute tun, wenn er in manche unserer Gottesdienste käme?

Samstag der 8. Woche im Jahreskreis (Mk 11,27–33)

Mit seinem Vorgehen bei der Tempelaustreibung wollte Jesus provozieren. Und prompt wurde er von den religiösen Autoritäten Jerusalems zur Rede gestellt, mit welchem Recht er das getan habe. Bevor er antwortet, stellt er eine Gegenfrage. Er will von ihnen wissen, ob die Taufe des Johannes vom Himmel oder von den Menschen stammte. Damit bringt er die Führer der Juden in Bedrängnis. Drückte sich nämlich in der Johannestaufe ein göttliches Urteil aus, hatte der Täufer recht, dass es nicht mehr genüge, in der „traditionellen Weise" fromm zu sein, wenn man das Heil gewinnen wolle, dann konnte der Tempelkult Israel nicht mehr retten. Dann aber befinden sich die Führer der Juden auf dem Holzweg und führen das Volk in die Irre. Das können sie nicht zugeben. Aber zu sagen, die Johannestaufe sei nur ein menschlicher Einfall gewesen, würde das Volk gegen sie aufbringen, denn das Volk verehrte Johannes als Propheten. Deshalb scheuen sie eine klare Stellungnahme.

Wer aber nicht den Mut hat, einzugestehen, dass bestimmte religiöse Verhaltensweisen dem nicht mehr gerecht werden, was Gott heute will, der kommt mit Jesus nicht wirklich ins Gespräch. So verweigert Jesus die Antwort auf ihre Frage.

Montag der 9. Woche im Jahreskreis (Mk 12,1–12)

Provozierende Worte und ein vernichtendes Urteil schleudert Jesus heute seinen Gegnern an den Kopf. Mit der Erzählung vom Weinberg und den bösen Winzern greift Jesus das Weinberglied beim Propheten Jesaja auf. Das Volk Israel ist Gottes Weinberg. Den religiösen Führern hat er sein Volk anvertraut, damit sie es an seiner Statt hegen und pflegen. Doch was haben sie getan? In der Vergangenheit haben sie auf die Propheten nicht gehört, sie sogar verfolgt und umgebracht. Nun aber hat Gott seinen eigenen Sohn gesandt, damit er sich um seinen Weinberg, also um sein Volk, kümmere und es rette. Doch auch auf ihn hören sie nicht und wollen ihn töten. Die Hohenpriester, Schriftgelehrten und Ältesten merken genau, dass Jesus von ihnen spricht. Und was wird Gott, der Besitzer des Weinbergs nun tun, fragt Jesus? Er wird die Winzer töten und den Weinberg anderen geben. Damit ist die Zeit des alten Israel vorbei und ein neues Gottesvolk wird an seine Stelle treten: die Kirche.

Beten wir also immer wieder für die Bischöfe, dass sie dem Auftrag Gottes gerecht werden und sein Volk nach Gottes Willen hegen und pflegen!

Dienstag der 9. Woche im Jahreskreis (Mk 12,13–17)

Sie kommen, um Jesus eine Falle zu stellen. Deshalb beginnen sie mit einer Schmeichelei. Sie nennen ihn „Meister" und loben, dass er immer die Wahrheit sagt und wirklich den Weg Gottes lehrt. Da fragen wir uns, warum sie ihm dann nicht geglaubt haben. Ihre Scheinheiligkeit ist so offenkundig, dass sie zum Himmel stinkt. Und dann stellen sie ihm die berühmte Frage, ob Juden dem Herrscher der verhassten Besatzungsmacht Steuern zahlen sollen.

Er antwortet aber nicht mit „Ja" oder „Nein". Würde er „Ja" sagen, hätte er alle frommen Juden gegen sich, würde er „Nein" sagen, könnten sie ihn bei der römischen Behörde als Volksverhetzer anklagen. Er erklärt ganz einfach, sie sollten dem Kaiser geben, was ihm gehört, und Gott geben, was Gott gehört.

Das macht sie mundtot und löst Erstaunen aus. Die Ansprüche Gottes und die Ansprüche des Staates liegen ja nicht auf derselben Ebene. Man kann sie nicht gegeneinander ausspielen. Der Kaiser kann materielle Forderungen an seine Bürger richten. Gott dagegen soll unser Herz gehören mit all den Konsequenzen, die sich daraus ergeben.

Mittwoch der 9. Woche (Mk 12,18–27)

Diesmal sind es nicht die Pharisäer, sondern die Sadduzäer, die mit einer theologischen Frage zu Jesus kommen. Die Sadduzäer waren die bedeutendste Gruppe im Hohen Rat und leugneten eine Auferstehung der Toten. Mit der Frage, welcher von den sieben Männern, die sie auf Erden hatte, nach der Auferstehung ihr Mann sein werde, wollten sie die Auferstehung der Toten ad absurdum führen. Die Juden stellten sich das künftige Leben als eine gesteigerte Form des irdischen Lebens vor, und vielleicht tun das auch viele Christen heute.

In seiner Antwort weist sie Jesus darauf hin, dass das ewige Leben seine eigenen Gesetze hat. Deshalb kann man aus dem gegenwärtigen Leben keine Schlüsse auf das künftige ziehen. Das dürfen wir auch nicht aus dem Wort Jesu, dass die Menschen nach der Auferstehung sein werden wie die Engel im Himmel. Menschen werden nie zu Engeln, sie werden immer Menschen sein. Jesus gebraucht diesen Vergleich nur, um klarzumachen, dass jeder Vergleich mit dem irdischen Leben für unsere himmlische Existenz fehl am Platz ist.

Donnerstag der 9. Woche (Mk 12,28b–34)

Heute sagt uns der Herr in knappen Worten, worauf es ankommt, wenn wir dem Reich Gottes nahe sein wollen. Es kommt allein auf die Liebe an, die Liebe zu Gott und die Liebe zu den Menschen. Gott hat seine Liebe an uns Menschen verströmt. Wir beantworten seine Liebe mit unserer Liebe zu Gott. Weil ihm alle Menschen liebenswert sind, nicht nur wir selbst, deshalb sind auch alle Menschen unsere Liebe wert. Dies konnte der Schriftgelehrte verstehen.

Für uns Christen kommt freilich noch eines dazu: der Glaube an Jesus Christus, den menschgewordenen und auferstandenen Sohn Gottes als unseren Erlöser. Das sagt Jesus in diesem Zusammenhang nicht, denn das hätte der Jude noch nicht verstehen können.

Freitag der 9. Woche (Mk 12,35-37)

Unser heutiger Evangelientext erscheint zunächst unverständlich. Jesus widerspricht der Meinung der Schriftgelehrten, dass der Messias der Sohn Davids sei. Das glauben wir Christen doch auch. Im Stammbaum führen das Matthäus- und das Lukasevangelium die Abstammung Jesu über Josef auf David zurück. Und kurz zuvor hatte es Jesus akzeptiert, dass der Blinde von Jericho ihn als „Sohn Davids" bezeichnet hatte. Heute dagegen sagt er: „Wie können die Schriftgelehrten behaupten, der Messias sei der Sohn Davids?" Die Auflösung ist ganz einfach: Jesus galt rechtlich als Sohn Josefs. Aber er war es nur rechtlich, nicht aber genetisch.

Die Juden dagegen erwarteten, dass der Messias ein leiblicher Nachkomme Davids sei.

Dagegen zitiert Jesus den Psalm 110: „So spricht der Herr zu meinem Herrn ..." David spricht also den Messias als seinen Herrn an. Dann aber kann er nicht einfach ein Nachkomme Davids sein, denn einen solchen würde der König nicht seinen Herrn nennen. Jesus deutet also in diesen Worten seine wahre Herkunft, seine Gottessohnschaft, an. Denn den Sohn Gottes würde David mit Recht seinen Herrn nennen.

Samstag der 9. Woche im Jahreskreis (Mk 12,38-44)

Was hat Jesus an den Schriftgelehrten auszusetzen?

Sie gehen in langen Gewändern umher – tun das die Bischöfe und Ordensleute nicht auch?

Sie lieben es, wenn man sie auf den Straßen und Plätzen grüßt – Bischöfe und Pfarrer etwa nicht?

Sie wollen in der Synagoge die vordersten Plätze – Bischöfe und Priester etwa nicht?

Sie wollen bei jedem Festmahl die Ehrenplätze haben – Bischöfe, Pfarrer und Äbtissinnen etwa nicht?

Warum schilt Jesus die Schriftgelehrten, wenn sie doch nur tun, was der geistliche Stand heute auch tut? Im nächsten Satz schafft Jesus Klarheit: Sie übervorteilen die Witwen, die ja damals rechtlich schutzlos waren, wenn sie keinen Sohn hatten. Und ihr frommes äußeres Tun ist nichts als scheinheilig. Darum geht es Jesus: um die innere Wahrhaftigkeit des Menschen. Inneres und Äußeres müssen beim Menschen übereinstimmen, sonst ist all sein Reden und Gehabe nur Scheinheiligkeit, sonst hilft ihm auch sein Bischof-, Pfarrer- oder Ordensfrausein nichts.

Montag der 10. Woche im Jahreskreis (Mt 5,1–12)

Jesus spricht hier von der Armut vor Gott. Was ist „Armut vor Gott"? Wie sich der Leibeigene arm wusste vor dem Lehnsherrn, arm an Besitz, arm an Einfluss, arm an Macht, völlig abhängig von der Gunst des Lehnsherrn, so sollen wir uns arm wissen vor Gott. Wir sollen ihn nicht nur mit den Lippen als unseren Herrn bekennen, sondern ihn in unserem Leben tatsächlich unseren Herrn sein lassen, also den, der über uns verfügen darf. Wir sollen uns bewusst sein, dass wir von der Gunst und Gnade Gottes anhängig sind; nicht nur in diesem Leben, sondern auch hinsichtlich unseres ewigen Schicksals sind wir von seiner Barmherzigkeit abhängig.

Wer in dieser Weise arm ist vor Gott, hofft auf seinen Trost, hofft auf das Erbe des ewigen Lebens, wird durch die Gerechtigkeit Gottes Heil erfahren, wird Erbarmen finden, Gott schauen, Sohn oder Tochter Gottes genannt werden und im Himmelreich Vollendung finden.

Dienstag der 10. Woche im Jahreskreis (Mt 5,13–16)

Wir sind Salz der Erde und Licht der Welt, sagt Jesus. Das schmeichelt uns. Und sogleich fragen wir uns: Warum sind wir das? Die Antwort: Weil wir seine Jünger und Jüngerinnen sind.

Doch im letzten Satz dieser Perikope wird Jesus deutlicher: Unser Licht soll vor den Menschen leuchten, damit sie unsere guten Werke sehen. Jetzt wird es ernst. Jesus geht also ganz selbstverständlich davon aus, dass die Handlungen seiner Jünger gute Werke sind. Dass wir das Licht der Welt sind, hat uns mit Freude, vielleicht auch mit Stolz erfüllt. Und nun hören wir, dass wir wegen unserer guten Werke das Licht der Welt sind. Das ist im Grunde eine Einladung zur Gewissenserforschung. Denn wenn wir an unsere Worte und Taten denken, sind wir uns gar nicht mehr so sicher, ob wir wirklich Licht der Welt sind.

Und dann folgt der letzte Satzteil: „damit sie eure guten Werke sehen und euren Vater im Himmel preisen." Unsere guten Werke sind also nicht dazu da, dass wir in Stolz und Selbstlob ausbrechen, sondern dass die Menschen, die unsere guten Werke sehen, den Vater im Himmel preisen. Damit macht uns Jesus klar: In all eurem Tun geht es immer um das Gotteslob, um die Verkündigung Gottes, um die Verherrlichung Gottes. Geht es uns wirklich immer nur darum?

Mittwoch der 10. Woche im Jahreskreis (Mt 5,17–19)

Jesus sagt, er sei gekommen, das Gesetz zu erfüllen. Dies gehört zu seiner Sendung vom Vater. Der Vater hat ihn gesandt, das Gesetz zu *erfüllen*. Es geht also nicht nur darum, die Vorschriften des Gesetzes zu *befolgen*, sondern: Der Vater hat ihn gesandt, damit er in seinem Leben so vollkommen auf das Gesetz eingeht, dass dessen Sinn und Wert allen klar und verständlich wird. Es geht hier ausschließlich um das göttliche Gesetz. Und an seinem Leben werden alle ablesen können, dass es für den Menschen möglich ist, das Gesetz zu erfüllen.

Von diesem Gesetz – dem Dekalog – darf nichts gestrichen werden, nur weil es einem Menschen unangenehm ist oder schwer fällt.

Später wird Jesus das ganze Gesetz unter dem Gebot der Gottes-, Selbst- und Nächstenliebe zusammenfassen. Wer wirklich liebt und in der Liebe zu Hause ist, kann das ganze Gesetz erfüllen.

Donnerstag der 10. Woche im Jahreskreis (Mt 5,20–26)

Jesus spricht hier von einer größeren Gerechtigkeit. Für uns bedeutet Gerechtigkeit, dass wir dem anderen korrekt geben, was ihm zusteht, dass wir nicht auf Kosten anderer leben, niemanden bevorzugen oder benachteiligen.

Im Verständnis des damaligen Judentums bestand die Gerechtigkeit darin, dass einer treu zu seinen Verpflichtungen stand. Der Gerechte schlechthin aber ist Gott, der jederzeit treu zum Menschen und seiner Ehre steht. Gott ist selbstlos um den Menschen besorgt. An der Treue und Gerechtigkeit Gottes soll nun der Mensch Maß nehmen, sich also dem Mitmenschen gegenüber verhalten wie Gott, der stets auf das Leben des Menschen bedacht ist, ein Leben in Frieden und Sicherheit. Dieser Friede ist wichtiger als die eigene Ehre. Deshalb genügt es nicht, das Gebot „Du sollst nicht töten" bloß wörtlich zu verstehen. Wer wie Gott den anderen wirklich leben lassen will, der wird seiner nicht spotten und ihm stets wohlgesinnt sein.

Freitag der 10. Woche im Jahreskreis (Mt 5,27–32)

Mit dem sechsten und zehnten Gebot schützt Gott die Zugehörigkeit eines bestimmten Mannes und einer bestimmten Frau, die in der Ehe ein Fleisch wurden. Gegen diesen Willen Gottes verstößt bereits derjenige, der eine verheiratete Frau „nur" ansieht, *um sie zu begehren* (so der griechische Text wörtlich!).

So sagt Jesus: Ehebruch begeht nicht erst der, der mit einem fremden Ehepartner schläft, sondern schon, wer sich an einen Verheirateten in Gedanken heranmacht, um ihn aus der ehelichen Bindung herauszulocken. Nur wer die Verbundenheit und die Ehre von Eheleuten auch in seinen Gedanken uneingeschränkt respektiert, dessen Gerechtigkeit entspricht der Gerechtigkeit Gottes.

Samstag der 10. Woche im Jahreskreis (Mt 5,33–37)

Hier erklärt Jesus, dass Gott von uns unbedingte Wahrhaftigkeit fordert. Wer dieses göttliche Gebot wirklich ernst nimmt, wird von sich aus weder schwören noch ein Gelübde ablegen wollen. Denn damit würde er ja selbst sagen, dass man ihm nicht immer glauben muss, sondern nur, wenn er einen Eid leistet. Menschen, die nach dem Willen Gottes füreinander glaubwürdig sein wollen, werden nie versuchen, mit Tricks einen anderen hinters Licht zu führen.

Solche Wahrhaftigkeit ist sicher nicht immer leicht durchzuhalten. Aber wie wollen wir anderen ehrlich unter die Augen treten, wenn sie nicht sicher sein können, das unser Ja ein Ja und unser Nein ein Nein ist? Müsste nicht jede menschliche Beziehung Schaden nehmen, wenn wir nicht glaubwürdig wären?

Montag der 11. Woche im Jahreskreis (Mt 5,38–42)

Massiv widerspricht Jesus der überkommenen Einstellung der Menschen: „Aug um Auge, Zahn um Zahn". Seine Forderung zum Verzicht auf Rache und Vergeltung illustriert er an drei Beispielen. Was kann einer, der Jesu Forderung beachtet, erreichen? Nehmen wir sein drittes Beispiel:

Jeder Bürger der römischen Besatzungsmacht hatte das Recht, sich von einem Juden eine Meile weit begleiten und das Gepäck tragen zu lassen. Das taten die Juden mit größtem Widerwillen, aber nach einer Meile waren sie wieder frei und konnten den Römer mit seinem Gepäck stehen lassen. Wenn nun ein Jude in eigener Entscheidung eine zweite Meile mitgeht, dann tut er nun als freier Mann dem Römer einen Gefallen. Die Beziehung des Römers zu ihm wechselt von Machtausübung und Unterdrückung in Staunen und Respekt vor dem Juden. Der Bann der Feindschaft ist gebrochen.

Das soll das Ziel unseres Verhaltens gegenüber solchen sein, die uns als ihre Feinde behandeln: dass wir sie zum Umdenken bewegen, damit eine neue, eine freundschaftliche Beziehung entstehen kann. Voraussetzung dafür ist, dass wir selbst in uns keinen Hass aufkommen lassen. Dann aber haben wir uns an Gott ein Beispiel genommen, der alle seine Menschenkinder liebt und es mit allen gut meint.

Dienstag der 11. Woche im Jahreskreis (Mt 5,43–48)

In der letzten Antithese der Bergpredigt treibt Jesus seine Forderungen auf die Spitze: „Liebt eure Feinde!" Wenn ihr nur die liebt, die euch lieben, seid ihr nicht besser als die Sünder (Zöllner) und die Heiden. Das tun die nämlich auch. Wollt ihr aber Söhne bzw. Töchter eures himmlischen Vaters sein, müsst ihr an seiner Art, mit Menschen umzugehen, Maß nehmen! Und seine Liebe gilt allen Menschen. Ihr aber sollt vollkommen sein wie euer himmlischer Vater!

Die Konsequenz solcher Gesinnung und solchen Handelns wäre: Wenn alle Menschen so dächten, gäbe es keine Feinde mehr. Das sollte unser Ziel sein, alle, die uns jetzt noch als Feinde betrachten, als Freunde zu gewinnen.

Mittwoch der 11. Woche im Jahreskreis (Mt 6,1–6.16–18)

Menschen können aus verschiedenen Gründen Gutes tun: um auf andere guten Eindruck zu machen, um sich damit zu brüsten, um gelobt zu werden, um vor sich selbst gut dazustehen und das eigene Gewissen zu beruhigen. Sie alle, sagt Jesus, haben ihren Lohn bereits erhalten.

Wir können auch Gutes tun, weil es uns Freude macht, gut zu sein, anderen Freude zu machen, Gott Freude zu machen. Und wir können Gutes tun, weil wir es mit anderen gut meinen, weil wir helfen wollen. Dann haben wir es nicht nötig, unser Gutsein öffentlich zu machen. Vor solchem Gutsein, sagt der Herr, hat Gott Respekt.

Aus welchen Gründen tun *wir* das Gute? Sind wir da immer ehrlich? Oder sind dabei Hintergedanken im Spiel?

Donnerstag der 11. Woche im Jahreskreis (Mt 6,7–15)

Jesus macht uns klar: Wir müssen Gott bei unserem Beten nicht durch viele Worte betören wollen. So machen es Heiden, die meinen, langes Plappern habe eine magische Kraft. Gott sieht auf das Herz des Beters, auf die ehrliche Gesinnung.

Und dann gibt er uns ein Beispiel für unser Beten: An erster Stelle steht der Lobpreis Gottes und unsere Bereitschaft, seinen Willen zu erfüllen. Dann folgt die Bitte um das Lebensnotwendige und um Vergebung unserer Schuld. Die Vergebung Gottes aber ist gebunden an unsere eigene Bereitschaft, anderen zu tun, was wir von Gott für uns erbitten: Vergebung der Schuld.

Wie steht es um unsere Vergebungsbereitschaft?

Und: Wenn wir gesagt haben, dass wir vergeben haben, tragen wir dann immer noch nach?

Wie stünde es um uns, wenn Gott nach der Vergebung nachtragend wäre?

Freitag der 11. Woche im Jahreskreis (Mt 6,19–23)

Das Leben ist wertvoll, es ist ja das große Geschenk Gottes für den Menschen. Deshalb wollen wir das Leben nicht verlieren, sondern gewinnen. Aber gerade das können wir verhindern, wenn wir nur an unser Wohlergehen in der begrenzten Erdenzeit denken und nicht auch an die ewige Dauer unseres Lebens nach dem irdischen Tod. Geiz und Hamstergesinnung können unser ewiges Leben gefährden.

Deshalb fügt Jesus das Wort vom Auge an. Das Auge kann neidisch und gierig auf den Besitz des anderen schauen und den Menschen zum Geizhals machen, der nur noch auf die Vermehrung seines Hab und Guts schaut. Dann wäre es ein böses Auge. Dem stellt Jesus das aufrichtige und lautere Auge entgegen (EÜ „gesundes Auge" ist eine missverständliche Übersetzung). Das aufrichtige und lautere Auge ist das Gegenteil des bösen Auges, denn es ist frei von Neid und Missgunst und vermag deshalb den Reichtum anderer ohne Habgier zu sehen. Wer ein solches Auge hat, wird Schätze sammeln für das ewige Leben.

Samstag der 11. Woche im Jahreskreis (Mt 6,24–34)

Kein Mensch kann zugleich zwei Herren dienen. Wir können nicht Gott und dem Mammon dienen.

Den Reichtum des Lebens, einschließlich des materiellen Besitzes, dürfen wir sehen und bejahen, aber wir dürfen nicht seine Diener werden, indem wir unser Herz und unser Streben daran verlieren, sonst verlieren wir Gott und damit das Leben. Gott ist es, der uns die Welt gegeben hat, in der wir leben können, aber unser Herz soll Gott gehören. Er ist unser Vater, der weiß, wessen wir bedürfen, und der imstande ist, in einer Weise für das Leben zu sorgen, die unsere eigenen Möglichkeiten übersteigt.

Wir müssen zwar für unser Leben sorgen, also z. B. für unseren Unterhalt arbeiten, aber wir brauchen uns nicht um unser Leben zu sorgen, wenn wir aufrichtig Gott dienen.

Montag der 12. Woche im Jahreskreis (Mt 7,1–5)

„Richtet nicht, damit ihr nicht gerichtet werdet. Denn wie ihr richtet, so werdet ihr gerichtet werden, mit dem Maßstab, mit dem ihr messt, werdet auch ihr gemessen werden." Allerdings dürfen wir daraus nicht schließen, dass Jesus von uns ein kritikloses Verhalten fordert. Hier ist die Einheitsübersetzung ungenügend. Der Schlusssatz lautet nämlich genau: „Heuchler, zieh zuerst aus deinem eigenen Auge den Balken, dann wirst du genau sehen, so dass du den Splitter aus dem Auge deines Bruders ziehen kannst." Wer selbst einen Balken im Auge hat, ist blind. Also kann er gar nicht objektiv richten. Wer aber den eigenen Balken entfernt hat, kann nun den Splitter im Auge des anderen sehen. Und kann ihn nun entfernen. Der Splitter im Auge des anderen muss also keineswegs unangetastet bleiben, aber wird einer, der bei sich selbst schwere Schuld (Balken) erkannt hat, es noch wagen, den anderen wegen eines Splitters zu verurteilen?

Dienstag der 12. Woche im Jahreskreis (Mt 7,6.12–14)

„Gebt das Heilige nicht den Hunden, werft eure Perlen nicht den Schweinen vor!" Das Heilige ist das, was Jesus den Jüngern gegeben hat: das Wort Gottes. Wir sollen also das Evangelium nicht wahllos, fortwährend und überall im Munde führen, denn es gibt solche, die es nicht ehren würden. Sie sind des Wortes nicht wert. (Das Heilige bezieht sich hier nicht auf die Sakramente! Jesus selbst hat dem Judas Iskariot die Eucharistie gereicht, nachdem er ihn bereits als Verräter entlarvt hatte.)

Am Anfang des Weges, den ein Jünger geht, hat er die Wahl zwischen zwei Toren. Diese Wahl bestimmt den weiteren Weg, den Lebensweg des Menschen. Der Weg zum Leben führt durch das enge Tor. Dieser Weg ist gekennzeichnet vom Gebot der Gottes-, Selbst- und Nächstenliebe.

Dieses Gebot ist der Grund, weshalb wir den anderen tun sollen, was wir von ihnen erwarten.

Erwarten wir von anderen Güte, Ehrlichkeit, Vergebung, Hilfe, dann müssen wir selbst all dies den anderen geben.

Mittwoch der 12. Woche im Jahreskreis (Mt 7,15–20)

Heute spricht Jesus von falschen Propheten. Woran kann man sie erkennen? „An ihren Früchten", sagt der Herr, nicht also an ihren Worten. Sie bekennen sich zu Jesus als Sohn Gottes, sie können religiös sehr aktiv sein. Das Kriterium zu ihrer Entlarvung als falsche Propheten sind allein ihre Früchte. Sie führen die Menschen auf Irrwege. Sie gehen und führen nicht durch das enge Tor des Liebesgebots. Die Frucht ihrer Lehre ist das Erkalten der Liebe.

Sie vollziehen durchaus fromme Riten gemäß der kirchlichen Weisung. Sie vertreten die korrekte Lehre der Dogmatik. Sie sind mit dem Gesetzbuch der Kirche vertraut. Wenn aber das, worauf es nach Jesu Weisung ankommt, fehlt: die Liebe, dann sind sie falsche Propheten.

Donnerstag der 12. Woche im Jahreskreis (Mt 7,21–29)

Zunächst spricht Jesus noch einmal von den falschen Propheten und ihrem Lippenbekenntnis: „Herr, Herr!" Sie berufen sich darauf, dass sie in seinem Namen aufgetreten sind und sogar durch seinen Namen Wunder getan haben. Dennoch wird er zu ihnen sagen: „Ich kenne euch nicht. Weg von mir, ihr Übertreter des Gesetzes!" Sein Gesetz, das Liebesgebot, haben sie missachtet.

Den Abschluss der Bergpredigt bildet die Rede von dem klugen und dem törichten Mann, von dem, der sein Haus auf zuverlässigen Fels, und dem, der es nur auf lockeren Sand gebaut hat. Ein kluger Mann, der sein Haus, d. h. sein Leben, auf Fels gebaut hat, ist jener, der seine Worte nicht nur hört, sondern auch danach handelt, also sein Gebot der Liebe bis hin zur Feindesliebe praktiziert. Er lebt nämlich im irdischen Leben schon im Himmel, das meint: mit Gott verbunden. – Dies ist keine Aussage über das „ewige Leben", das Gott auch *dem* schenken kann, der seine irdische Vergangenheit einmal als wertlos zusammenbrechen sehen wird. (Vgl. Mk 10,17–27; Mt 19,16–30)

Gottes Barmherzigkeit kann auch ihm geschenkt werden. Deswegen wollen wir aber nicht neidisch sein, denn vermutlich werden wir selbst auf diese Barmherzigkeit angewiesen sein.

Freitag der 12. Woche im Jahreskreis (Mt 8,1–4)

Der Aussatz war damals eine unheilbare Krankheit. Sie war ansteckend. Wer von ihr befallen war, galt als schwerer Sünder. Aussätzige waren den Toten gleichgestellt. Sie mussten außerhalb der menschlichen Zivilisation hausen und weiten Abstand von allen Menschen einhalten. Die Heilung eines Aussätzigen galt als ebenso unmöglich wie die Auferweckung eines Toten zum Leben. Das konnte nur Jahwe selbst bewirken. Nun kommt ein Aussätziger zu Jesus. Allein das war schon ein arges Vergehen. Er bittet den Herrn um Heilung. Daraus wird erkennbar, dass er Jesus eine solche Tat zutraut. Jesus berührt ihn. Damit setzt er sich in den Augen der Zuschauer einer Ansteckung aus. Doch mit dieser Berührung und dem Wort „Werde rein!" wird der Kranke gesund. Er erhält noch die Anweisung, niemand davon zu erzählen. Damit macht Jesus deutlich, dass es ihm nicht um sein Ansehen geht, sondern um das Wohl des Kranken. Aber er soll sich dem Priester zeigen und das im Gesetz vorgeschriebene Opfer darbringen. Erst wenn ein Priester die Heilung bestätigt hatte, durfte ein ehemals Aussätziger wieder in die menschliche Gemeinschaft zurückkehren und auch wieder am Gottesdienst teilnehmen. – Das Glück der Geheilten können wir uns gut vorstellen.

Samstag der 12. Woche im Jahreskreis (Mt 8,5–17)

Viele Menschen begleiten Jesus, als ihm der römische Hauptmann von Kafarnaum mit der Bitte entgegentritt, seinen gelähmten Diener zu heilen. Und Jesus sagt dem Heiden Heilung zu. Doch der Römer weiß, dass Jesus nach dem Gesetz der Juden sein heidnisches Haus nicht betreten darf. Dies würde ihn bei den Juden in Misskredit bringen. So bittet er, Jesus möge den Diener durch sein Wort aus der Ferne heilen. Wie seine Soldaten seine Befehle, die ihnen überbracht werden, befolgen, so müsse die Krankheit dem Wort Jesu auch aus der Ferne gehorchen.

Jesus zeigt sich über den bedingungslosen Glauben des Hauptmanns erstaunt und stellt fest, dass er bei den Juden solchen Glauben noch nicht gefunden hat. – Und bei uns?

Montag der 13. Woche im Jahreskreis (Mt 8,18–22)

Ein Schriftgelehrter kommt zu Jesus mit der Bereitschaft, ihm zu folgen, wohin er auch gehe. Jesus aber nimmt ihn nicht gleich begeistert in seinen Jüngerkreis auf. Wer ihm nachfolgen will, muss wissen, worauf er sich da einlässt: „Die Füchse haben Höhlen und die Vögel Nester, der Menschensohn aber hat nichts, wo er sein Haupt hinlegen kann." Jeder, der sich ihm anschließt, lässt sich auf etwas Neues ein und muss alte Geborgenheit um Jesu willen verlassen. Dessen muss er sich von Anfang an bewusst sein.

Ein Jünger, der ihm bereits nachfolgt, möchte bis zum Tod seines Vaters in seine „alte Welt" zurückkehren. Dies gestattet Jesus nicht, denn wer sich einmal für den neuen Lebensweg mit dem Herrn entschieden hat, ist von den „Toten" zum Leben gekommen. Er soll sich davor hüten, den Verlockungen der früheren Lebensart nachzugeben. Vielmehr soll er die Toten ihre Toten begraben lassen. Er selbst aber soll auf dem Weg des Lebens bleiben, auf dem Weg mit Jesus.

Dienstag der 13. Woche im Jahreskreis (Mt 8,23–27)

Das Boot mit Jesus und seinen Jüngern ist draußen auf dem See. Jesus schläft im Boot. Da bricht plötzlich ein gewaltiger Sturm los, und die Wellen überfluten das Boot. Jesus aber schläft weiter. Da wecken ihn die Jünger und rufen: „Herr, rette uns, wir gehen zugrunde!" Er unternimmt zunächst nichts. Noch sitzend fragt er: „Warum seid ihr so verzagt, ihr Kleingläubigen?" Dann erst steht er auf, droht dem Sturm und dem See, und es tritt völlige Stille ein.

Warum spricht Jesus die Jünger auf ihre Angst und ihren schwachen Glauben an? Sie hätten wohl wissen sollen, dass sie außer Gefahr sind, wenn Jesus in ihrem Boot ist.

Der Evangelist Matthäus will uns klar machen: Wer sich Jesus anschließt, gerät in den Sturm. Jesu Jünger müssen bereit sein, gemeinsam Gefahren zu teilen. Aber sie dürfen auch wissen, dass er bei ihnen ist, wenn sie in Gefahr geraten. Auf ihn ist Verlass. Dieses Vertrauen soll stärker sein als ihre Angst, stärker als unsere Angst.

Mittwoch der 13. Woche im Jahreskreis (Mt 8,28–34)

In der Erzählung über die Heilung der Besessenen von Gadara will uns Matthäus darauf hinweisen, wozu Jesus gekommen ist: Er will uns das befreiende Leben des Himmelreiches bringen. Wo er auftritt, müssen die verderblichen, diese Welt beherrschenden Mächte weichen. Mit ihm ist das Reich Gottes in diese unsere Zeit schon eingebrochen.

Aber diejenigen, die seine befreiende Macht erleben, reagieren mit Erschrecken und Unwillen. Sie bitten ihn, ihr Gebiet zu verlassen. Auch wir müssen also damit rechnen, dass die Menschen, denen wir die „größere Gerechtigkeit" im Sinn der Bergpredigt, das neue Leben, verkünden und bringen wollen, unwillig reagieren. Sie sind so in ihren alten Gewohnheiten, Lebensformen und Werten beheimatet, dass sie zunächst vor der rettenden Macht und Botschaft Jesu erschrecken.

Und wir selbst? Haben wir uns schon gänzlich auf den Herrn und sein Wort eingelassen? Oder versuchen wir, es mit faulen Kompromissen zu umgehen?

Donnerstag der 13. Woche im Jahreskreis (Mt 9,1–8)

„Hab Vertrauen, deine Sünden sind dir vergeben", sagt Jesus gemäß der Einheitsübersetzung zu dem Gelähmten. Exakt übersetzt heißt es aber: „Sei guten Muts, deine Sünden sind dir vergeben." Matthäus denkt an die Wirkung der Sündenvergebung. Das Vertrauen, Vergebung zu erlangen, braucht man vorher. Die Wirkung der Vergebung ist aber, dass der Mensch wieder neuen Mut fassen und erleichtert leben kann.

Die Schriftgelehrten freilich hielten seine Zusage der Sündenvergebung für Gotteslästerung; nach ihrer Vorstellung kann nur Gott Sünden vergeben. Davon, dass Gott auch Menschen diese Vollmacht übertragen kann, wissen wir erst, seit Jesus den Jüngern diese Vollmacht übertragen hat. Von der Gottheit Jesu haben die Schriftgelehrten auch keine Ahnung. Deshalb heilt Jesus nun den Kranken. Sie sollen ein Zweifaches daraus lernen: Ohne Sünde zu sein ist bedeutsamer als gesund zu sein. Und: Die Sündenvergebung können die Menschen nicht sehen. Dass der Gelähmte nun aber aufsteht und selbständig nach Hause gehen kann, sehen alle. Man darf diesem Jesus also zutrauen, dass er auch Sünden vergeben kann. Wenn er das kann, dann ist damit seine Gottheit bewiesen.

Freitag der 13. Woche im Jahreskreis (Mt 9,9–13)

Der Zöllner Matthäus folgt der Einladung Jesu in die Nachfolge und lädt seinerseits Jesus und seine Jünger zum Essen ein. Doch im Haus des Zöllners halten sich auch Leute aus seinem bisherigen Bekanntenkreis auf: Zöllner und Sünder. Die Pharisäer nahmen Anstoß daran, dass Jesus mit solchen Leuten gemeinsam isst.

Da entgegnet er ihnen: So wie Kranke den Arzt brauchen, so brauchen Sünder den, der barmherzig ist und sie zu einem neuen Leben in seiner Nachfolge ruft.

Damit trifft er unsere eigene Situation. Auch uns lädt er ein, unser Leben zu korrigieren und uns mit ihm auf einen neuen Weg zu begeben. Auch mit uns hält er hier am Altar Mahl.

Der Zöllner Matthäus hat aufgrund der Begegnung mit Jesus sein Leben korrigiert und einen neuen Lebensweg eingeschlagen. Und wir?

Samstag der 13. Woche im Jahreskreis (Mt 9,14–17)

Die Jünger Jesu halten die Fastenvorschriften nicht, welche die Johannesjünger und die Pharisäer beachten. Die Antwort Jesu darauf: Das Neue, das er gebracht hat, die Botschaft, dass Gott Barmherzigkeit will, nicht Opfer, muss erhalten bleiben. Es darf nicht mit irreführenden alten Gebräuchen und Vorschriften vermischt, also verwässert werden. Mit der Botschaft Jesu ist es wie mit neuem Wein. Auch er muss in neue Schläuche gefüllt werden, um erhalten zu bleiben.

Das gilt auch für uns. Welche alten Gewohnheiten und Verhaltensweisen, die mit der Lehre Jesu nicht in Einklang stehen, gibt es in meinem Leben? Bin ich bereit, mich zu ändern?

Montag der 14. Woche im Jahreskreis (Mt 9,18–26)

Geradezu ungeheuerlich ist das Vertrauen, mit dem Menschen hier auf Jesus zugehen. Ein totes Mädchen soll er auferwecken und eine Frau, deren Blutungen bereits zwölf Jahre andauern, soll er heilen. Die Menschen trauen ihm all das zu. Er ist ihre einzige Hoffnung. Die Frau tritt von hinten an ihn heran und berührt sein Gewand. Das hätte sie nach den jüdischen Reinheitsvorschriften nicht tun dürfen. Auch trägt sie eine magische Heilungsvorstellung in sich, als würde von seinem Gewand eine heilende Kraft ausgehen. Er tadelt sie wegen der Gesetzesübertretung nicht, aber er korrigiert ihr magisches Denken mit den Worten: „Dein *Glaube* hat dir geholfen."
Im Haus des Synagogenvorstehers sind bereits die Klageweiber am Werk. Jesus schickt sie hinaus mit dem Hinweis, das Mädchen sei gar nicht tot, sondern schlafe nur. Da lachen sie ihn aus. Als die Leute endlich aus dem Haus sind, tritt Jesus ein und ergreift die Hand des Mädchens. Da steht das Mädchen auf.
Matthäus erzählt nur ganz nüchtern, was geschehen war. Kein Wort über die Reaktion der geheilten Frau oder des Synagogenvorstehers. Er lässt das Ereignis für sich sprechen. Die Barmherzigkeit Gottes soll in Jesu Handeln erkannt werden.

Dienstag der 14. Woche im Jahreskreis (Mt 9,32–38)

Dämonen sind nach damaligem Verständnis dunkle, zerstörerische Mächte, aus deren Bann sich der Betroffene nicht selbst befreien kann. Sie sind die Gegenspieler Gottes, denn sie versuchen den Menschen zu verderben. Unter diesem Aspekt bedeuten Dämonenaustreibungen Befreiung des Menschen aus dem Machtbereich des Bösen. Sie sind Zeichen dafür, dass mit dem Auftreten Jesu die Macht des Bösen gebrochen ist und Gottes Heilsmacht angebrochen ist. Gott will das Heil für die Menschen, deshalb müssen die Dämonen weichen.
Können wir auch in unserem Leben da und dort den Einbruch des Bösen beobachten? Durch das Vertrauen auf Gott und seine heilende Macht und auf das Gebet können auch wir Heilung erfahren.

Mittwoch der 14. Woche im Jahreskreis (Mt 10,1-7)

Jesus gibt den Jüngern die Vollmacht, nun selbst das zu wirken, was bisher er allein gewirkt hatte. Das Wirken der Apostel soll sein eigenes Wirken „vergrößern". Alle Menschen sollen sehen, dass mit seinem Kommen das Reich Gottes zu den Menschen gekommen ist und die Mächte der Finsternis entmachtet sind. Am Wirken der Jünger sollen die Menschen erkennen: „Das Himmelreich ist nahe" (V. 7).

Da wir als Christen heute Jesu Jünger sind, sollen die Menschen an unserem Leben, an unserem Reden und Handeln etwas von der Nähe des Reiches Gottes erleben. Werden wir dem gerecht?

Donnerstag der 14. Woche im Jahreskreis (Mt 10,7-15)

Selbstlosigkeit und Verzicht auf materielle Vorsorge trägt Jesus den Aposteln für ihren Missionsweg auf. Dieses Verhalten soll zusammen mit den Heilungen, die Gott durch die Apostel wirkt, die Botschaft von der Nähe des Himmelreichs glaubwürdig machen. Dies wird noch verstärkt durch den Friedenswunsch. Des Friedens wert ist derjenige, der nach ihm sucht, der ihn ersehnt. In seinem Haus wird der Friede, den die Apostel wünschen, bleiben.

Es geht dabei nicht nur um den Frieden zwischen den Menschen, sondern auch um unseren Frieden mit Gott. Was tun wir für den Frieden in unserem Lebenskreis und für unseren Frieden mit Gott?

Freitag der 14. Woche im Jahreskreis (Mt 10,16–23)

Jesus sendet seine Jünger wie Schafe mitten unter die Wölfe. Sie sind zwar zu denen gesandt, die sich dem Reich Gottes öffnen wollen, müssen aber damit rechnen, dass sie auch auf Menschen treffen, denen diese Botschaft nicht passt. Ihnen gegenüber sollen sie klug sein wie die Schlangen und arglos wie die Tauben. „Klug wie die Schlangen" heißt: Sie sollen nicht in jedes Fettnäpfchen treten, das man ihnen als Falle aufgestellt hat, sie sollen mit Realitätssinn an ihr Werk gehen. „Arglos wie die Taube" meint: lauter und ohne Falsch. Die Klugheit soll nicht zur täuschenden Schläue entarten, mit der sie ihre eigentlich Absicht verbergen. Immer soll man spüren, dass es ihnen um Gott geht, nicht um einen menschlichen Vorteil.

Dennoch kann es geschehen, dass sie auf Ablehnung, ja Feindseligkeit stoßen. Dann sollen sie sich auf den Geist Gottes verlassen, der ihnen als Beistand gegeben werden wird.

Samstag der 14. Woche im Jahreskreis (Mt 10,24–33)

Es ist einleuchtend, dass ein Jünger nicht über seinem Herrn steht, wie auch ein Sklave nicht über seinem Meister. Unser Leben lang wird er der Herr bleiben, von dem wir immer neu lernen und an dem wir uns immer wieder orientieren müssen.

Weil es aber solche gab, die den Herrn geschmäht haben, müssen wir damit rechnen, dass auch wir solche Erfahrung mit den Menschen machen werden. Dann aber dürfen wir nicht aus Angst um unser irdisch-leibliches Wohlergehen den Herrn verleugnen oder die Botschaft, die er uns aufgetragen hat. Fürchten müssen wir nur den, der uns das himmlische Leben vorenthalten kann. Ihm sollen wir uns anvertrauen, dann werden wir bei ihm geborgen und für immer aufgehoben sein.

Montag der 15. Woche im Jahreskreis (Mt 10,34–11,1)

Das Wort vom Schwert ist für uns ein schwer zugängliches Wort Jesu. Hat er nicht zum Frieden gemahnt, die Liebe selbst den Feinden gegenüber gefordert? Und nun: „Ich bin nicht gekommen, den Frieden zu bringen, sondern das Schwert."

Jesus hat das Wort des Propheten Micha vor Augen, der angesichts der Verderbnis des Volkes schon das göttliche Gericht am Werk sah (Mich 7,1–7). Dieses Gericht ist mit dem Kommen Jesu in die Stunde der Entscheidung getreten. Mit ihm ist die Herrschaft Gottes schon gekommen. Das Schwert, das er gebracht hat, ist das Schwert des Gerichts. Dieses Schwert trennt Gute und Böse, Glaubende und jene, die sich Gott verweigern, voneinander. Mit Jesus und seiner Botschaft werden die Menschen vor die Entscheidung für oder gegen Gott gestellt. Ein Friede in dieser Situation wäre ein Friede zwischen Gott und Satan. Das aber wäre ein fauler Friede, der den Gegensatz zwischen Gut und Böse, zwischen Gott und Satan einebnen würde. Solchen Frieden, sagt Jesus, kann es niemals geben.

Dienstag der 15. Woche im Jahreskreis (Mt 11,20–24)

Das „Weh dir!", das Jesus hier den Städten Chórazin, Betsáida und Kafarnaum entgegenschleudert, ist ein Unheilsruf. Alle diese Städte liegen in Galiläa, wo Jesus lange Zeit gepredigt und Wunder gewirkt hatte. Doch die Menschen haben sich nicht bekehrt. Als Gegensatz nennt er Städte, deren Bewohner bei den Juden als unbußfertig, lasterhaft und verkommen galten: Tyrus, Sidon und Sodom. Hätten sie all seine Wunder erlebt, sagt Jesus, so hätten sie sich bekehrt. Deshalb wird es ihnen am Tag des Gerichts besser ergehen als den Städten Galiläas.

Wir haben das Angebot der Gnade Gottes erhalten. Wir stehen vor der Entscheidung, die Botschaft Jesu anzunehmen oder abzulehnen. Am Tag des Gerichts wird es offenbar werden. Jetzt ist noch Gelegenheit zur Umkehr.

Mittwoch der 15. Woche im Jahreskreis (Mt 11,25–27)

Bei den Pharisäern und Schriftgelehrten ist Jesus auf Ablehnung gestoßen. Sie haben sich in ihrem Denken und in ihrer Selbstgerechtigkeit nicht in Frage stellen lassen. Sie galten allerdings im Volk als Kluge und Weise und taten auch alles dafür, als solche zu gelten. Aber einfache Menschen haben sich von Jesus erreichen lassen und sind ihm gefolgt. Deshalb preist Jesus den Vater, dass er den Unmündigen offenbart hat, was den Weisen und Klugen verborgen blieb.

Aufgrund seiner außergewöhnlichen Nähe, die er als Sohn zum Vater im Himmel hat, ist der Sohn der Einzige, der den Vater wirklich kennt und deshalb auch bekannt machen kann.

An uns liegt es, ihm gut zuzuhören und von ihm zu lernen.

Donnerstag der 15. Woche im Jahreskreis (Mt 11,28–30)

Jesus hat die Menschen vor Augen, denen er sich in Liebe zugewandt hat: Arme und Hungernde, Unwissende und Unmündige, Sünder und Kranke. Sie haben ihn umdrängt, sie hat er aufgerichtet, ihnen hat er geholfen. Sie haben auch gestöhnt unter den vielen Bestimmungen, die ihnen die Schriftgelehrten auferlegt hatten. Diese Menschen lädt Jesus ein: „Kommt alle zu mir!" Das Joch, das er ihnen auferlegt, ist leicht. Er fordert nur Hingabe und Liebe – gegenüber Gott und den Menschen. Dieses Joch ist erträglich. Und wenn einer dennoch einmal stürzt, darf er wissen, dass der Herr gütig und demütig ist. Er darf wissen, dass er bei ihm Barmherzigkeit erfahren wird. Das tut auch uns gut.

Freitag der 15. Woche im Jahreskreis (Mt 12,1–8)

Nicht, dass die Jünger Ähren abrissen, um ihren Hunger zu stillen, kritisieren die Pharisäer, sondern dass sie es am Sabbat tun, wo doch Erntearbeit verboten ist.

Jesus argumentiert dagegen aus der Schrift. Selbst der als vorbildlich geltende König David ließ sich, als ihn auf der Flucht vor Saul hungerte, vom Priester die heiligen Schaubrote geben, die nur Priester essen durften.

Auch die Priester verrichten am Sabbat im Tempel körperliche Arbeit, ohne sich dabei schuldig zu machen. Hier aber ist einer, der größer ist als der Tempel. Damit spricht Jesus von sich selbst. Für den Tempel ist nur die Nähe Gottes verbürgt. In Jesus aber ist er persönlich gegenwärtig.

Schließlich zitiert Jesus den Propheten Hosea mit den Worten: „Barmherzigkeit will ich, nicht Opfer." Barmherzigkeit gegenüber den Hungernden ist vor Gott wichtiger als die bloße Erfüllung des Gesetzesbuchstabens. Der Menschensohn aber ist uneingeschränkt der Herr, auch über den Sabbat.

Samstag der 15. Woche im Jahreskreis (Mt 12,14–21)

Die Zeit, dass die Werke Jesu für ihn sprechen, scheint vorüber zu sein. Die Feindschaft der Pharisäer ist so angewachsen, dass sie beschlossen haben, ihn umzubringen. Jesus hat das erkannt und bezieht die Worte des Propheten Jesaja über den Gottesknecht auf sich. Der Vater hat ihn, seinen geliebten Sohn, für die Rettung der Menschen erwählt. Davon nimmt er nichts zurück. Der Sohn hat seine Sendung erfüllt und den Menschen verkündet, was vor Gott recht ist. Aber er zieht nicht wie ein Kriegsherr aus, um sich durchzusetzen. Vielmehr ist es seine Art, mit Barmherzigkeit die Wunden zu heilen, Mutlose aufzurichten, sich den Sündern zuzuneigen. Auch seinen Gegner verkündet er das Recht Gottes. Sie müssen auf ihn hören und seine Lehre annehmen, wenn sie gerettet werden wollen.

Wir können über das Evangelium nicht diskutieren. Es ist Gottes Wort. Wir können es nur annehmen. Wenn wir miteinander über das Evangelium sprechen, verfolgen wir nur das eine Ziel: uns gegenseitig zu besserem Gehorsam zu bewegen.

Montag der 16. Woche im Jahreskreis (Mt 12,38–42)

Schriftgelehrte und Pharisäer verlangen von Jesus ein Zeichen. Was für ein Zeichen soll das sein? Ist nicht all das, was er schon getan hat, Zeichen genug, vor allem die Wunder? Und hat nicht Gott schon bei der Taufe im Jordan ein Zeichen gesetzt? Auch Johannes der Täufer hatte ihn gefragt, ob er wirklich der Messias sei. Jesus hatte ihm kein neues untrügliches Zeichen gegeben, sondern ihn auf den Weg des Glaubens gewiesen und geantwortet, er könne aus seinen Werken auf seine Person schließen. Dies hätten auch die Pharisäer und Schriftgelehrten tun können.

Jesus greift nun voraus: Es wird ihnen noch ein anderes Zeichen gegeben werden, das Zeichen des Propheten Jona. Wie dieser drei Tage und drei Nächte im Bauch des Fisches war – ein Zeichen des Todes –, so wird auch Jesus drei Tage und Nächte im Inneren der Erde sein, nämlich im Grab. Wie aber Jona von dem Fisch wieder freigegeben wurde, so wird auch der Menschensohn das Grab der Erde wieder verlassen. Wenn sie also guten Willens sind, wird ihnen seine Auferstehung ein Zeichen seiner Messianität sein.

Dienstag der 16. Woche im Jahreskreis (Mt 12,46–50)

Als man Jesus meldet, dass seine Mutter und seine Brüder draußen stehen und mit ihm sprechen wollen, antwortet er: „Wer sind meine Mutter, und wer sind meine Brüder?" Die Antwort auf diese Frage kennt doch jeder? Er aber deutet damit an, dass er etwas Bestimmtes erklären, nicht dass er sich von seinen Verwandten distanzieren will. Es kommt nämlich auf etwas anderes an. Entscheidend ist, den Willen des himmlischen Vaters zu erfüllen. Dies zu tun steht auch seinen Verwandten frei. Er streckt seine Hand über seine Jünger aus, ein Zeichen der Besitzergreifung. Die ihm nachfolgen, die sich zusammen mit ihm unter den Willen des Vaters stellen, das sind seine Verwandten, mit ihnen weiß er sich innerlich verbunden.

Auch uns steht es frei, den Willen des Vaters zu erfüllen und so Jesu Brüder und Schwestern zu sein.

Mittwoch der 16. Woche im Jahreskreis (Mt 13,1-9)

Die Jünger erleben, dass das Wort Jesu bei vielen Menschen keine Frucht bringt. Das mochte sie besorgt und unruhig machen. Da erzählt ihnen Jesus dieses Gleichnis:
Was aus dem Samen wird, den der Sämann ausgestreut hat, darüber entscheidet der Boden, auf den er gesät wurde, nicht der Samen selbst. So ist es auch mit dem Samen, den Jesus ausgestreut hat, dem Wort Gottes. Ob und wie viel Frucht er bringen wird, hängt von dem Menschen ab, in dessen Ohr er gesät wurde. Die Jünger müssen sich also keine unnötigen Sorgen machen. Es gibt zwar Menschen, die sein Wort gar nicht aufnehmen wollen, solche, deren anfängliches Strohfeuer bald wieder verloschen ist und solche, denen andere Dinge im Leben wichtiger sind als die Botschaft Gottes. Aber Gottes Wort wird sich durchsetzen und reichlich Frucht bringen bei denen, die es in der Tiefe ihres Herzens aufnehmen, wachsen und reifen lassen.

Da müssen auch wir uns fragen, ob wir Gottes Wort in der Tiefe unseres Herzens aufnehmen oder ob uns andere Dinge wichtiger sind.

Donnerstag der 16. Woche im Jahreskreis (Mt 13,10-17)

Gewiss, der Glaube ist ein Geschenk Gottes. Aber auf den einzelnen Menschen kommt es an, ob er dieses Geschenk annimmt und wie er damit umgeht. Deshalb gibt es Menschen, die seine Werke sehen und doch nicht sehen, Menschen, die seine Botschaft zwar hören, aber doch nicht hören und dann auch nichts davon verstehen. Der Mensch kann sich Gott und dem Glauben verschließen. Jene aber, die sich ihm öffnen und seine Botschaft annehmen, nennt Jesus selig, denn ihre Augen sehen und ihre Ohren hören.

Wir wären wohl nicht hier beisammen, wenn wir nicht zu denen gehören würden, die sehen und hören wollen. Trotzdem dürfen wir uns fragen, wie weit unsere Bereitschaft geht, seine Botschaft vom Reich Gottes und die Konsequenzen daraus anzunehmen.

Freitag der 16. Woche im Jahreskreis (Mt 13,18–23)

Im Gleichnis vom Sämann stand das Ereignis der Aussaat, also die Verkündigung Jesu im Vordergrund. Jetzt geht es um die subjektive Aufnahme und die unterschiedliche Reaktion der Hörer des Wortes Jesu. Während im Gleichnis die Hoffnung der Jünger auf den Erfolg gestärkt werden sollte, werden wir jetzt vor der Gefährdung, der der Same, das Wort Gottes, ausgesetzt ist, gewarnt. Wir werden angeregt, nachzudenken:
Bin ich einer, der das Wort zwar hört und immer wieder hört, ihm aber keinen Raum in seinem Herzen gibt?

Oder bin ich einer, der das Wort zwar aufnimmt und glaubt, aber dann nicht durchhält, wenn es gilt, die Konsequenzen daraus zu ziehen?

Gehöre ich etwa zu denen, die das Wort zwar auch aufgenommen haben, bei denen es aber wieder verdeckt und übertüncht wird durch alle möglichen Bedürfnisse und Angebote, die das Leben sonst noch zu bieten hat?

Oder gehöre ich zu jenen, in denen das Wort reiche Frucht bringt, weil sie es in die Mitte ihres Lebens stellen und ihm den Vorrang geben vor allem, was es gefährden könnte?

Samstag der 16. Woche im Jahreskreis (Mt 13,24–30)

In Gottes Weizenfeld, in der Kirche, wächst auch viel Unkraut heran.

Unser Gleichnis spielt auf den Lolch an, ein Unkraut, das im Anfangsstadium dem Weizen so ähnlich sieht, dass man die beiden nicht voneinander unterscheiden kann. Würden also die Feldarbeiter den Lolch ausreißen wollen, damit nur der Weizen zur Reife käme, dann würden sie auch viel Weizen mit ausreißen. Wir Menschen können nicht immer unterscheiden, wer und was in der Kirche guter Weizen oder Unkraut ist. Wir sehen, erkennen und verstehen oft nur oberflächlich. Deshalb behält sich Gott selbst vor, erst bei der Ernte die Scheidung von Unkraut und Weizen vorzunehmen, den Weizen in seine Scheune zu bringen, das Unkraut aber zu vernichten. Die irdischen Vertreter der Kirche aber müssen das Unkraut akzeptieren. Sie dürfen keinen nach ihrem Gutdünken für immer verurteilen, sie könnten sich irren! Deshalb wird es in allen Gruppen und Ständen der Kirche immer Gute und Böse geben. Das endgültige Urteil steht allein dem Herrn zu.

Montag der 17. Woche im Jahreskreis (Mt 13,31–35)

Mit dem Himmelreich ist es wie mit einem Senfkorn. Ist es am Anfang noch so klein und unscheinbar, wenn es herangereift ist, wird es unübersehbar und prächtig sein. Es drängt seinem Ziel entgegen, ein bis zu drei Meter hoher Strauch zu werden. Dabei wächst es aus eigener Kraft. Sein Wachstum hängt nicht von unseren „Kraftakten" ab. Es braucht nur unsere Bereitschaft, es nach seinen Gesetzen bei uns und durch uns wachsen zu lassen. Wir müssen ihm also Vertrauen entgegenbringen, uns dem Herrn anvertrauen, uns von seinem Wort leiten lassen. Dann aber wird das Himmelreich schon jetzt unter uns gegenwärtig sein.

Alles kommt also nur darauf an, dass wir wirklich bereit sind, das Reich Gottes, also die Herrschaft Gottes in uns selbst, in unserer Familie, in der Pfarrgemeinde wachsen zu lassen. Denn wir können es auch daran hindern oder gar abtöten.

Dienstag der 17. Woche im Jahreskreis (Mt 13,36–43)

Unkraut und Weizen, die Bösen und die Guten haben in der Kirche Daseinsrecht, auch heute. Das heißt aber nicht, dass Gott keinen Unterschied macht zwischen Gut und Böse, als wäre es gleichgültig, wie einer mit anderen umgeht und ob er Gottes Gebote beachtet. Wer sein Leben lang ungenießbar für die anderen ist, wer zu seinem Vorteil über Leichen geht und auf der Ehre anderer herumtrampelt, darf nicht damit rechnen, dass Gott sein Tun gut heißt. Am Ende muss jeder – auch jeder von uns – vor dem Gericht Gottes erscheinen. Seien wir also klug und rüsten wir uns dafür! Und vergessen wir nicht das Gebet um Gottes Barmherzigkeit – uns und den anderen gegenüber!

Mittwoch der 17. Woche im Jahreskreis (Mt 13,44–46)

Es kann ja sein, dass einer zufällig einen Schatz in einem Acker entdeckt. Aber müssen wir warten, bis uns der Zufall einen solchen Schatz bietet? Nein, der Kaufmann hat ausdrücklich schöne Perlen gesucht. Eines aber ist beiden gleich: Als sie den Schatz bzw. die besonders wertvolle Perle gefunden haben, geben sie alles dafür hin, damit eben jener Fund ihnen gehöre. So ist es mit dem Himmelreich. Wenn es einer gefunden hat, ist seine Freude darüber so riesig, dass alles andere dagegen nur wenig Wert besitzt. Darum vermag er alles andere um des Himmelreiches willen zurückzustellen.

Haben wir den Wert des Himmelreiches schon begriffen? Dann muss uns aufgegangen sein, was es bedeutet, Gott im Alltag ernst zu nehmen und uns ganz an ihm zu orientieren. Dann aber wird uns nichts davon abhalten, alles einzusetzen, um diesen Schatz zu gewinnen.

Donnerstag der 17. Woche im Jahreskreis (Mt 13,47–52)

Wie das Unkraut unter dem Weizen gedeiht, so auch die schlechten Fische unter den guten. Am Ende aber werden sie aussortiert. So genügt es auch für den Menschen nicht, in der Kirche als Böser unter Guten zu leben. Den Bösen wird nicht deshalb schon eine gute Zukunft beschert, weil sie mit den Guten zusammen zur Kirche gehört haben. Wenn die Fischer das Netz an Land gezogen haben, sind gute und schlechte Fische nebeneinander. Mit Kennerblick vollziehen die Fischer die Scheidung der Fische, der genießbaren und der ungenießbaren. Gott ist gleichsam der Herr des Fischfangs. Er ist der Gerichtsherr am Ende der Zeit. Dann werden die Bösen von den Guten getrennt. In der Verdammnis „werden sie heulen und mit den Zähnen knirschen", doch dann wird es zu spät sein. Die Zeit der Reue und der Umkehr ist vorüber.

Jetzt haben wir noch Zeit zu Reue und Umkehr.

Freitag der 17. Woche im Jahreskreis (Mt 13,54–58)

Auch in seiner Heimatstadt will Jesus seine Botschaft vom Himmelreich und der Barmherzigkeit Gottes anbieten. Er tut es bei der üblichen Versammlung in der Synagoge. Die Leute „gerieten außer sich" über seine Lehre, müssten wir genauer übersetzen. Aber sie geraten nicht außer sich, weil sie beeindruckt sind und ihr eigenes Ungenügen vor Gott erkennen. Sie geraten vielmehr außer sich, weil dieser Jesus, der sie alle ja gut kennt, ihre Lebensweise in Frage stellt. Sie fühlen, dass sie zur Umkehr herausgefordert wären. Dagegen melden sie Protest an. Sie erkennen zwar, dass aus ihm eine Weisheit spricht, die ihnen überlegen ist. Sie wissen, dass er Wunder tut, die ihnen unmöglich sind. Aber sie nehmen Anstoß an ihm mit dem Argument: Das ist doch der Sohn der Maria und des Josef. Er hat doch unter uns gelebt und gearbeitet. Er ist also einer wie wir. Von so einem müssen wir uns doch nichts sagen, vor allem keine Vorwürfe machen oder uns belehren lassen!

Jeder hat angesichts der Lehre und des Wirkens Jesu diese zwei Möglichkeiten: Wir können bis auf den Grund unserer Seele bestürzt sein und verstehen, dass wir uns ändern müssen. Wir können uns aber auch bedroht fühlen und uns aus gekränktem Stolz zur Wehr setzen.

Samstag der 17. Woche im Jahreskreis (Mt 14,1–12)

Der Täufer Johannes hatte Herodes den Ehebruch mit der Frau seines Bruders zum Vorwurf gemacht. Deswegen hatte ihn Herodes ins Gefängnis werfen lassen. Mächtige lassen sich ihr Unrecht ungern vorhalten, doch sie haben die Macht, den Propheten „das Maul zu stopfen". Er hatte Johannes töten lassen wollen, ihn dann aber aus Furcht vor den Protesten des Volkes „nur" ins Gefängnis werfen lassen. Ein unbedachter Schwur, den er, um sein Gesicht nicht zu verlieren, nicht brechen wollte, hatte dann zur Enthauptung des Täufers geführt.

Die Menschen haben es mit Johannes gemacht wie mit vielen anderen Propheten zuvor. Das Schicksal des Propheten ist zeichenhaft für das Schicksal Jesu. Am Kreuz wird auch er dem Prophetenschicksal ausgeliefert werden. Das klingt schon in den Einleitungsworten dieses Evangeliums an: Herodes war der Meinung, Jesus sei der von den Toten auferstandene Täufer Johannes.

Gibt es Ähnliches nicht auch heute: Menschen, die über Leichen gehen, wenn es um ihr Ansehen oder ihre Macht geht?

Montag der 18. Woche im Jahreskreis *im Lesejahr B und C* (Mt 14,13–21)

Jesus zieht sich zurück, um allein zu sein. Aber die Leute gehen ihm nach. Sie richten ihre Hoffnung auf sein Wirken. So wird es Abend, die Jünger wollen die Leute fortschicken, damit sie sich zu essen kaufen. Da folgt das große Speisewunder Jesu. Er nimmt, was die Jünger zu essen bei sich haben, blickt zum Vater im Himmel auf und spricht den Lobpreis, wie ihn jeder jüdische Hausvater als Segensspruch über die Speisen sagt, und lässt die Brote durch die Jünger austeilen. Als alle fünftausend Männer samt Frauen und Kindern satt sind, sammeln sie noch zwölf Körbe voll Brot ein.

Jesus wirkt kein Schauwunder, es hat sich eher beiläufig aus der Situation ergeben. Aber die Leute können spüren, dass es ihnen an nichts fehlt, weil Jesus in ihrer Mitte ist. Er schenkt den Menschen, die in Not sind, sein Erbarmen. So handelt Gott an den Menschen.

Und dies gilt auch für die Kirche: Jesus ist in unserer Mitte als Spender aller guten Gaben: des Brotes, in dem er sich selbst uns schenkt, und des Wortes Gottes, das uns den Weg zum Leben weist.

Montag der 18. Woche im Jahreskreis *im Lesejahr A und Dienstag der 18. Woche im Lesejahr B und C* (Mt 14,22–36)

Jesus steigt auf einen Berg, um in der Einsamkeit zu beten, die Jünger schickt er mit dem Boot ans andere Ufer voraus. Das Boot mit den Jüngern wird von den Wellen hin- und hergeworfen, denn sie haben Gegenwind. Ihnen wird bewusst, wie gering ihre Kraft ist. Da kommt, schon gegen das Morgengrauen hin, Jesus auf dem See auf sie zu. Sie erschrecken und schreien vor Angst. Doch er spricht sie an: „Habt Vertrauen, ich bin es." Das genügt zu seiner Legitimation, die Angst entweicht, wenn der Herr da ist. Mutig ist Petrus bereit, auf dem Wasser zu Jesus zu kommen. Und es gelingt ihm. Doch dann wird ihm die Situation, in die er sich begeben hat, bewusst. Die Angst ergreift ihn wieder und er beginnt unterzugehen. Da gibt es nur noch einen Retter: „Herr, rette mich!" Jesus nimmt ihn an der Hand und wirft ihm seinen geringen Glauben vor, dann steigen sie ins Boot und der Wind legt sich. – Hier wird uns Petrus als der erste Gläubige vorgestellt, als Vorbild aller Gläubigen. Solange wir dem Herrn unbegrenztes Vertrauen schenken, haben wir keinen Grund zur Angst. Wenn wir dem Herrn vertrauen, können wir im Leben nicht untergehen. Doch selbst wenn unser Vertrauen klein geworden ist, haben wir immer noch die Möglichkeit, uns an den Herrn zu wenden. Er wird uns nicht im Stich lassen, welche Stürme uns auch im Leben bedrohen.

Dienstag der 18. Woche im Jahreskreis
im Lesejahr A (Mt 15,1–2.10–14)

Jesus spricht ein vernichtendes Urteil über die Pharisäer. Er nennt sie „blinde Blindenführer". Sie sind blind für Gott und für das Himmelreich. Sie erkennen nicht, dass die Lauterkeit des Herzens den Menschen gottfähig macht, nicht aber das Waschen der Hände. Nun sind sie aber diejenigen, welche die Menschen im Volk zu Gott, zu einem Leben mit Gott führen sollen. Sie können es nicht, weil sie selber blind sind für Gott, für den Weg zu Gott. Sie werden jene, die sich ihrer Führung anvertrauen, mit sich ins Verderben ziehen, denn „wenn ein Blinder einen Blinden führt, werden beide in eine Grube fallen".

Alles kommt also darauf an, dass wir uns Jesus und seiner Führung anvertrauen. Er kennt den Weg, ja er selber ist der Weg zu Gott, der Weg zum Leben.

Mittwoch der 18. Woche im Jahreskreis (Mt 15,21–28)

Jesus hat sich fast ausschließlich auf dem Gebiet Israels aufgehalten. Jetzt macht er einen Abstecher nach Norden und begegnet einer kanaanäischen Frau, also einer Heidin. Diese Heidin erkennt, was den Juden insgesamt verborgen geblieben war. Sie spricht ihn mit dem messianischen Titel „Sohn Davids" an. Sie bittet um Hilfe für ihre Tochter. Er antwortet zunächst nicht und erklärt dann, dass Gott ihn zum Haus Israel gesandt hat. Die Frau gibt aber nicht auf. Er reagiert mit einem Vergleich: Wie man das Brot den Kindern nicht wegnimmt, um es den Hunden zu geben, so hat Gott ihn nicht zu den Heiden gesandt, sondern zu den Juden. Da aber hakt die Frau ein: „Aber selbst die Hunde bekommen von den Brotresten, die vom Tisch ihrer Herren fallen." Darauf spricht Jesus ihren Glauben an und versichert ihr die Heilung ihrer Tochter. – Soweit, will der Evangelist sagen, ist es gekommen. Jesus war von Gott zu den Juden gesandt, doch die Heiden haben erkannt, wer er ist und haben an ihn geglaubt. Jesus wird zwar nach Israel zurückkehren, aber nun ist den Heiden Hoffnung erblüht, dass Gottes Heil auch zu ihnen kommt. Und genau dies ist dann durch die Kirche in großem Umfang geschehen.

Donnerstag der 18. Woche im Jahreskreis (Mt 16,13–23)

Immer wenn Jesus eine Frage an die Jünger richtet, antwortet Simon als deren Sprecher. Diese Sonderstellung des Simon zeigt sich auch darin, dass er in den Apostellisten aller Evangelien als erster genannt wird. Ihm wurde als erstem der Apostel die Auferstehung Jesu offenbart. Ihm vertraut der Herr nach seiner Auferstehung seine Schafe an, dass er sie weide. Hier spricht Simon im Namen der Jünger das Bekenntnis aus: „Du bist der Messias, der Sohn des lebendigen Gottes." Daraufhin nennt Jesus ihn den Fels, auf den er seine Kirche bauen werde, und sagt, er werde ihm die Schlüssel des Himmelreichs geben. Dies ist ein für uns missverständliches Wort. Das Himmelreich darf nicht mit dem ewigen Leben gleich gesetzt werden. Die Rettung eines Menschen und die Zuteilung des ewigen Lebens ist allein Sache Gottes. Jesus übergibt hier Petrus die Vollmacht, die Botschaft Gottes so auszulegen, dass den Menschen dadurch der Weg zum ewigen Leben erschlossen wird.

Freitag der 18. Woche im Jahreskreis (Mt 16,24–28)

Die ersten Jünger sind Jesus im wörtlichen Sinn nachgefolgt: Sie sind ihm gefolgt, wohin er gegangen ist. Diese äußere Nachfolge muss zur inneren Nachfolge werden. Dazu gehört die Selbstverleugnung. Das meint: So wie Jesus sich selbst verleugnet hat, sein „Gottgleichsein" aufgegeben und mit dem Leben eines Menschen eingetauscht hat, um die Menschen zu retten, so sollen seine Jünger sich selbst derart zurückstellen, dass sie in der Nachfolge ihres Meisters alles für die Rettung der Menschen tun. Dafür müssen sie auch sein Kreuz auf sich nehmen, einschließlich der Bereitschaft zum Tod, aber nur auf diesem Weg werden sie ihm nachfolgen und ihr Leben retten, zusammen mit dem Leben derer, für die sie sich selbst verleugnet hatten.

Samstag der 18. Woche im Jahreskreis (Mt 17,14–20)

Ein Mann bittet Jesus um Heilung für seinen Sohn. Jesus heilt ihn auch. Als Krankheitsursache wird ein Dämon genannt, also eine gottwidrige, den Menschen beherrschende Macht. Zuvor jedoch hatte der Mann die Jünger schon um Hilfe gebeten, aber sie konnten den Jungen nicht heilen. Nun fragen ihn die Jünger nach dem Grund ihres Unvermögens. Die Antwort lautet: „Weil euer Glaube so klein ist." Das Beispiel mit dem Berg ist wohl als Hyperbel (sprachliche Übertreibung) zu verstehen. Worauf es aber ankäme, ist der Glaube. Das unerschütterliche und grenzenlose Vertrauen auf Gott kann alle gottwidrigen Mächte bezwingen. Denn sie haben nur so viel Macht über uns, als ihnen zugestanden wird.

Das gilt auch für unser eigenes Leben. Wem wir Einfluss auf unser Leben und Macht über uns zugestehen, der bzw. das wird uns beherrschen, also Herr über uns sein.

Montag der 19. Woche im Jahreskreis (Mt 17,22–27)

Ab dem vollendeten zwanzigsten Lebensjahr hatte jeder männliche Israelit jährlich eine Tempelsteuer zu zahlen. Daraus wurden alle Bedürfnisse für Gottesdienst und Kult im Tempel bestritten. Der hohe religiöse Stellenwert der Tempelsteuer lag darin, dass jeder Jude dadurch seine persönliche Verbundenheit mit der Liturgie im Tempel zum Ausdruck bringen konnte. Er war ja nun an den täglich im Tempel dargebrachten Opfern beteiligt. Dies hätten Jesus und seine Jünger nicht nötig gehabt, da ja die Könige nur von den anderen Leuten, nicht aber von ihren Söhnen Steuern einfordern. Jesus, der Sohn des Vaters und seine Familie, die Jünger, sind also frei von der Tempelsteuer. Jesus verzichtet aber auf seine Freiheit. Würde er sie nämlich beanspruchen, so würde er Anstoß erregen, weil den Leuten das Verständnis dafür fehlte. Die Doppeldrachme wird aber nicht aus der gemeinsamen Kasse genommen, sondern soll gefunden werden. Durch dieses kleine Wunder bleibt die Freiheit des Sohnes Gottes gewahrt, und den Menschen wird kein Ärgernis gegeben.

Dienstag der 19. Woche im Jahreskreis (Mt 18,1–5.10.12–14)

Im Himmelreich ist nicht derjenige der Größte, der auf seine Möglichkeiten und Freiheiten pocht, sondern wer den anderen so dient, wie es damals die Kinder ganz selbstverständlich zu tun hatten. So unbedeutend, wie damals ein Kind in der Männergesellschaft war, so klein, wie heute ein Kind unter den Erwachsenen dasteht, ist der Mensch vor Gott. Doch wer unter den Menschen als einer lebt, der für die Menschen da ist, der ist ein Großer in den Augen Gottes. Mit solchen identifiziert sich Jesus in der Weise, dass er sagt: Wer einen solchen um meinetwillen aufnimmt, der nimmt mich selber auf. Und „auch euer himmlischer Vater will nicht, dass einer von diesen Kleinen verloren geht."

Haben wir die Freiheit und den Mut, uns für die Menschen klein zu machen, um in den Augen Gottes groß zu sein?

Mittwoch der 19. Woche im Jahreskreis (Mt 18,15–20)

Wir haben hier den Versuch einer ersten Gemeindeordnung für christliche Gemeinschaft vor uns. Wir haben vor Gott füreinander Verantwortung. Nun kann es aber geschehen, dass einer vom Glauben abfällt. Dann gleicht er dem verlorenen Schaf, das der gute Hirt zur Herde zurückbringen will. Wenn wir dies beobachten, sollen wir mit ihm reden. Wenn er zur Einsicht gelangt, haben wir ihn gewonnen. Andernfalls ist die ganze Gemeinde gefordert, sich um ihn und seinen Glauben zu kümmern. Wenn auch sie erfolglos ist, hat die Kirche ein Binde- und Lösungsrecht gegenüber dem Verirrten. Das wichtigste Mittel aber, das ihr zur Verfügung steht und von dem sie Gebrauch machen soll, ist das fürbittende Gebet für den Verirrten. Dieses Gebet hat die größte Macht, denn „alles, was zwei von euch auf Erden gemeinsam erbitten, werden sie von meinem himmlischen Vater erhalten". Das Gebet für den Verirrten hat also oberste Priorität.

Kennen wir auch jemand, der sich „verirrt" hat und für den wir beten sollten?

Donnerstag der 19. Woche im Jahreskreis (Mt 18,21–19,1)

Petrus ist sich bewusst, dass er seinem Bruder vergeben muss. Die Frage für ihn lautet: wie oft? Ihm ist auch klar, dass einmalige Vergebung nicht ausreicht, wenn er dem Liebesgebot gerecht werden will. Deswegen schlägt er vor, siebenmal zu vergeben. Jesus aber antwortet: „Nicht siebenmal, sondern siebenundsiebzigmal." Das heißt im Grunde: Immer und ohne Ausnahme, so oft du in diese Situation kommst. Negativ ausgedrückt heißt das: Niemals gibt es einen Grund, dem Bruder die Vergebung zu verweigern.

Denn so handelt auch Gott an euch, die ihr seine Barmherzigkeit unentwegt nötig habt. Der himmlische Vater wird euch hinsichtlich der Vergebung ebenso behandeln, wie ihr einander behandelt.

Die Zahlen sieben und siebenundsiebzig gehen auf das Buch Genesis zurück (4,23f). Würde einer den Brudermörder Kain töten, so würde er dafür siebenmal gerächt. Lamech aber fordert für sich selbst siebenundsiebzigfache Vergeltung, also maßlose Rache. Was dort im Alten Testament an Vergeltung gefordert wird, fordert Jesus an Vergebung.

Freitag der 19. Woche im Jahreskreis (Mt 19,3–12)

Hinsichtlich der Ehe bzw. Ehescheidung verweist Jesus auf die Schöpfungsordnung und folgert daraus: „Was aber Gott verbunden hat, darf der Mensch nicht trennen." Damit geben sich die Pharisäer nicht zufrieden. Wie soll man darüber denken, dass Mose trotz des Gebots im Dekalog „Du sollst nicht die Ehe brechen" angeordnet hat, man solle eine Scheidungsurkunde ausstellen, wenn man sich trennen wolle? Darauf erwidert Jesus: „Nur weil ihr so hartherzig seid, hat euch Mose erlaubt, eure Frauen aus der Ehe zu entlassen." Es handelt sich also um einen Kompromiss wegen der Herzenshärte der Menschen, dem Willen Gottes entspricht es allerdings nicht. Eine Ausnahme freilich lässt Jesus bei Matthäus zu: Im Fall der Unzucht, wenn also die Frau bereits die Ehe gebrochen hat. Ansonsten würde jeder, der seine Frau aus der Ehe entlässt, selber Ehebruch begehen.

Samstag der 19. Woche im Jahreskreis (Mt 19,13–15)

Man bringt Kinder zu Jesus. Die Leute vertrauen der heilenden Macht Jesu. Darum soll er Gottes Schutz und Gnade auf sie herabrufen. In den Augen der Schriftgelehrten waren Kinder damals gering geschätzt. Religion war Männersache. Ganz im Denken ihrer Zeit reagieren die Jünger: Sie weisen die Leute schroff ab. Soll sich der Meister etwa nun auch mit „Kindereien" abgeben? Wo kämen wir denn da hin!

Jesus dagegen lässt die Kinder zu sich bringen und erteilt den Jüngern eine grundsätzliche Lehre: „Menschen wie ihnen gehört das Himmelreich." Auch Kinder sind von der Liebe und der Verheißung Gottes nicht ausgeschlossen. Vielleicht mehr noch als mancher Erwachsene vermögen Kinder sich dem himmlischen Vater anzuvertrauen und auf ihn zu hören. Insofern könnten auch wir von Kindern lernen.

Montag der 20. Woche im Jahreskreis (Mt 19,16–22)

Der Mann, der hier zu Jesus kommt, hat ein Ziel. Er will das ewige Leben gewinnen. Aber er kennt den Weg dorthin nicht. Ihm ist nur klar, dass er Gutes tun muss. Aber was genau? In seiner Antwort verweist ihn Jesus auf die zweite Tafel der Zehn Gebote, ergänzt mit dem Gebot der Nächstenliebe. Es kommt also darauf an, den Menschen Gutes zu tun. Dass man Gott ehren und lieben muss, ist dem, der nach dem ewigen Leben fragt, schon bewusst, muss also nicht eigens erwähnt werden.

Doch dann öffnet der junge Mann das Gespräch in eine neue Dimension: „Alle diese Gebote habe ich befolgt. Was fehlt mir jetzt noch?" Nun geht es nicht mehr um das Erreichen des ewigen Lebens. Jetzt greift Jesus die Frage nach der Vollkommenheit auf. Wenn er vollkommen sein will – das ist für das ewige Leben nicht erforderlich –, dann soll er, was er besitzt, den Armen geben und Jesus nachfolgen. Dann würde sein Herz an nichts anderem mehr hängen. Es würde nur noch für Gott schlagen, es wäre ganz frei für Gott, ausschließlich an ihn gebunden. Und in dieser Freiheit für Gott würde ihn nichts mehr daran hindern, seine ganze Kraft für das Evangelium und für das Heil der Mitmenschen einzusetzen.

Dienstag der 20. Woche im Jahreskreis (Mt 19,23–30)

Der reiche junge Mann hatte sich nicht entschließen können, sich von seinem Besitz zu trennen, um Jesus nachzufolgen. Im Matthäustext liegt wohl eine Verwechslung zwischen dem griechischen Wort für Kamel und dem aramäischen Wort für ein dickes Seil (Schiffstau) vor. Schlüssiger erschiene: Eher geht ein Seil durch ein Nadelöhr als ein Reicher in das Reich Gottes gelangt. Mit dieser Hyperbel (sprachliche Übertreibung) macht Jesus darauf aufmerksam, dass der Besitz für den Menschen zur Gefährdung wird, wenn einer sein Herz daran hängt. Es kann so weit kommen, das nicht mehr der Mensch Besitz hat, sondern dass der Besitz den Menschen „hat". Alles Denken und Tun dreht sich dann nur noch um Genuss, Erhaltung und Vermehrung des Besitzes. So ein Mensch ist „besessen" von seinem Besitz. So ein Mensch ist nicht mehr offen und frei für Gott, ebenso wenig auch für die Mitmenschen. Besitz kann also zu einer echten Gefährdung für den Menschen, auch für seine Rettung in der Ewigkeit werden. „Wer Ohren hat, der höre!"

Mittwoch der 20. Woche im Jahreskreis (Mt 20,1–16a)

Mit den Arbeitern der ersten Stunde hatte sich der Weinbergbesitzer auf einen Denar als Tageslohn geeinigt. Zu den Arbeitern, die erst später dazugekommen waren, hatte er nur gesagt: „Ich werde euch geben, was recht ist." So haben Arbeiter der ersten Stunde im Grunde keinen Anlass zu murren, als sie den vereinbarten Lohn bekommen. Dass aber jene, die erst später dazukamen, denselben Lohn erhalten, gründet in der Güte des Weinbergbesitzers. Jeder soll das Lebensnotwendige bekommen.

Jene, die sich von Jugend an für das Reich Gottes eingesetzt haben, erhalten am Ende ihres Lebens den vollen Lohn: das ewige Leben. Weil Gott, der Besitzer des Weinbergs aber gütig ist, erhalten auch jene, die erst spät im Leben zum Glauben gefunden, diesen aber ernsthaft gelebt haben, ebenso das ewige Leben. Die ersten hatten den Vorzug, schon früh von Gott gerufen zu werden. Die anderen erfuhren diese Gnade erst später, dann aber haben sie ebenso aufrichtig für Gottes Herrschaft gelebt. Einen besseren Lohn als das ewige Leben gibt es nicht. Also haben alle den bestmöglichen Lohn erhalten.

Donnerstag der 20. Woche im Jahreskreis (Mt 22,1–14)

Gott hat als König das endzeitliche Hochzeitsmahl für Jesus, seinen Sohn, zubereitet. Wiederholt hat er seine Knechte, die Propheten zu seinem Volk, den Juden, geschickt, um die Gäste zur Hochzeit rufen zu lassen. Aber sie haben sich verweigert, sind sogar über die Propheten hergefallen und haben sie misshandelt, ja sogar umgebracht. – Darauf reagiert Gott und seitdem gilt seine Einladung den Menschen draußen an der Landstraße, d. h. den Heiden. Nun füllt sich der Hochzeitssaal mit allerlei Leuten, mit Guten und mit Bösen. Denn unter den Christen gibt es nicht nur Gute! Als nun der König einen entdeckt, der ohne hochzeitliches Gewand gekommen ist, d. h. einen Bösen, da stellt er ihn zur Rede. Und der Mann wird aus dem Hochzeitssaal hinausgeworfen. – Wir dürfen uns nicht allzu sicher fühlen, nur weil wir zur Kirche gehören, denn das letzte Wort über uns ist noch nicht gesprochen. Es käme darauf an, hier und heute den Willen Gottes zu erfüllen. Am Ende wird der König das Gerichtsurteil sprechen.

Freitag der 20. Woche im Jahreskreis (Mt 22,34–40)

Ein Gesetzeslehrer fragt Jesus stellvertretend für alle Gesetzeslehrer nach dem wichtigsten aller Gebote. Jesus antwortet mit der Forderung nach Gottes-, Selbst- und Nächstenliebe. Es geht nicht um die Erfüllung vieler Einzelvorschriften, sondern „nur" um die umfassende Erfüllung der Liebe zu Gott und den Menschen. Darin sind alle anderen Gebote eingeschlossen. Der Wille Gottes lässt sich zusammenfassen in dem Wort „Liebe". Das erscheint auf den ersten Blick sehr einfach. Wenn wir aber genauer hinschauen, stellen wir fest, dass es ja für die Liebe keine Grenze gibt. Da können wir nicht wie bei anderen Geboten sagen: Das und das habe ich getan, also kann ich es abhaken. Die Liebe kommt in ihrer Hingabe an kein Ende, denn wo wir der Liebe ein Ende setzen wollten, hat sie aufgehört. Die Liebe gibt es ja nicht, außer wir tun sie.

Die Liebe zu leben ist Sache der Kinder Gottes, weil Gott die Liebe ist. Weil aber Gott die Liebe ist, vertrauen wir darauf, dass er uns auch dann als seine Kinder annimmt, wenn wir die Liebe nur unvollkommen verwirklicht haben.

Samstag der 20. Woche im Jahreskreis (Mt 23,1–12)

Heute werden wir vom Evangelium gewarnt, uns in der Kirche mit Ehrentiteln bezeichnen zu lassen. Denn ganz offensichtlich ist die Gefahr, dass Menschen, die auf diese Weise immer wieder angesprochen und aus der Reihe aller Gläubigen hervorgehoben werden, im Lauf der Zeit selbst so empfinden könnten, als wäre solche Bevorzugung rechtens, als wären sie etwas Besseres, als wären sie mehr als die anderen Christen. Selbst wenn sie ein Amt in der Kirche innehaben, sind sie nichts Besseres, üben lediglich einen bestimmten Dienst aus, der ihnen von Christus und der Kirchengemeinschaft übertragen ist. Sie sind Diener, nicht Herren der Gemeinde.

Denn wir alle haben nur einen Vater, den im Himmel. Und wir haben nur einen Meister und Lehrer, nämlich Christus.

Wir alle aber sind füreinander nur Diener. Welche Ehre uns in den Augen Gottes zukommt, kann nur Gott selber wissen, aber da kann die Verkäuferin besser dastehen als der Monsignore, die Lehrerin besser als der Geistliche Rat, der Straßenkehrer besser als der Bischof, und der Student besser als der Professor, der Gemeindearbeiter besser als der Bürgermeister, der Pförtner besser als der Ministerpräsident. Unsere Devise kann immer nur lauten: Ich will mich bemühen, in Gottes Augen gut dazustehen.

Montag der 21. Woche im Jahreskreis (Mt 32,13–22)

Heute nennt Jesus die Schriftgelehrten und Pharisäer Heuchler, also Menschen, die dem nicht gerecht werden, was sie vorgeben. Nun waren die Pharisäer sicherlich Menschen, die alle religiösen Gesetze und Vorschriften sehr wohl ernst nahmen und selber einhielten. Aber Jesus wirft ihnen vor, dass sie den Menschen das Himmelreich verschließen. Ihre Aufgabe war es, den Weg der Wahrheit zu lehren. Sie sollten durch ihre Gesetzesauslegung den Menschen den Weg ins Himmelreich öffnen, aber ihre Lehre und ihre religiöse Praxis ist falsch. Deshalb sind sie Heuchler, weil sie vorgeben, recht zu lehren, es aber nicht tun und damit die Menschen in die Irre führen. Deshalb sind sie blinde Führer.

Darum sagt Jesus zu Petrus in Mt 16, 19: „Ich werde dir die Schlüssel des Himmelreichs geben ..." Die Jünger Jesu werden durch ihre Lehre den Menschen in Wahrheit das Himmelreich aufschließen, d. h. den Weg dorthin weisen.

Dienstag der 21. Woche im Jahreskreis (Mt 23,23–26)

Nach dem Gesetz mussten die Juden den zehnten Teil des Ernteertrags für den Unterhalt des Tempels und des dortigen Kultes abliefern. Dieses Gesetz steigerten die Pharisäer noch, indem sie es auch auf den Ertrag von Küchenkräutern ausdehnten. Aber das Wichtigste, wirft ihnen Jesus vor, lassen sie außer Acht: Gerechtigkeit, Barmherzigkeit und Treue. Das haben schon die Propheten gepredigt. Die Pflichten der Liebe und der daraus sich ergebenden sozialen Gerechtigkeit sind wichtiger als die Kultpflichten. Darin läge der Schlüssel zum Himmelreich, den sie durch ihre Lehre bekunden sollten.

Darum sind sie blinde Führer, ungeeignet, den Weg zum Himmelreich zu weisen.

Uns diesen Weg zu weisen, ist Aufgabe der Amtsträger in der Kirche. Deshalb müssen sie uns immer wieder die Lehre und die Weisungen des Herrn vorlegen und erklären.

Mittwoch der 21. Woche im Jahreskreis (Mt 23,27–32)

Wieder deckt Jesus die Kluft zwischen Sein und Schein bei den Pharisäern auf. Er vergleicht sie mit Gräbern, die weiß getüncht sind und schön aussehen. Aber jeder weiß, was Gräber enthalten: Knochen, Schmutz und Verwesung. Das, worauf es im Gesetz ankommt, haben sie nicht erkannt und nicht getan. Um Gerechtigkeit, Erbarmen und Treue haben sie sich gedrückt. Denn sie pflegen die Grabmäler der Propheten und der Gerechten des Alten Bundes, aber ihre Worte befolgen sie nicht. Sie sind nicht besser als ihre Väter, welche die Propheten ermordet haben.

Diese Frage müssen wir uns freilich auch stellen lassen: Pflegen wir in unseren Gebeten und Gottesdiensten nur einen Kult zu Ehren Gottes ohne sein Wort zu befolgen und seine Gebote ernst zu nehmen?

Donnerstag der 21. Woche im Jahreskreis (Mt 24,42–51)

Auch wenn wir das Gericht Gottes theoretisch nicht leugnen, besteht doch die Gefahr, dass wir den Gedanken daran schlicht und einfach verdrängen. Deshalb werden wir heute ermahnt: „Seid wachsam! Denn ihr wisst nicht, an welchem Tag der Herr kommt. ... Haltet euch bereit! Denn der Menschensohn kommt zu einer Stunde, in der ihr es nicht erwartet."

Auf das Kommen des Herrn ist *der* gut vorbereitet, der für die anderen, vor allem für die ihm anvertrauten Menschen so sorgt, dass er ihnen zur rechten Zeit gibt, was sie zum Essen brauchen. Wir würden heute sagen: wer soziale Gerechtigkeit übt, niemanden ausnützt, jedem das für ihn Nötige zukommen lässt. Gerechtigkeit und Barmherzigkeit werden eingefordert.

Wer dagegen die Mitmenschen übers Ohr haut, sie ehrfurchtslos behandelt und seine Zeit mit Feiern und Feten vergeudet, wird schlechte Karten haben, wenn der Herr kommt.

Freitag der 21. Woche im Jahreskreis (Mt 25,1–13)

Heute werden wir zur Wachsamkeit ermahnt. Das Himmelreich ist zwar mit Jesus schon gekommen, aber es ist noch nicht vollendet. Seine Zukunft und Vollendung wird sich mit der Wiederkunft des „Bräutigams" Christus ereignen. Dabei müssen wir jederzeit mit seiner Ankunft rechnen. Dann wird es uns nichts nützen, wenn wir rufen „Herr, Herr, mach uns auf!", aber mit leeren Gefäßen dastehen, d. h. vorher im Leben nicht nach seinen Worten gehandelt haben. Zu solchen wird er sagen: „Ich kenne euch nicht." Er wird sich nur zu denen bekennen, die sich im Leben zu ihm bekannt haben, die seine Worte gehört und auch befolgt haben. Sie werden mit ihm in den Hochzeitssaal gehen. Jetzt ist die Zeit, uns für diesen Tag vorzubereiten.

Samstag der 21. Woche im Jahreskreis (Mt 25,14–30)

Mit diesem Gleichnis will uns Jesus verdeutlichen, warum wir die Zeit bis zu seiner Wiederkunft nicht verschlafen dürfen. Der dritte Diener handelt korrekt nach rabbinischem Recht, indem er das Talent vergräbt. Damit ist er nicht mehr haftbar, denn er hat das denkbar Sicherste getan. Er ist ängstlich um sein eigenes Bestehen besorgt. Eben dies lässt ihn aber zu einem „faulen und schlechten Diener" werden, der die Gabe des Herrn brach liegen lässt. Jene aber, welche die ihnen anvertrauten Gaben eingesetzt und mit ihnen gewirtschaftet haben, werden belohnt. Sie haben getan, was der Herr von ihnen erwartet hatte: Sie haben sich nach ihren Fähigkeiten und Möglichkeiten für das Himmelreich eingesetzt.

So bleibt uns die Frage zu überlegen, ob und wie wir die uns anvertrauten „Talente" einsetzen, um das Reich Gottes auf dieser Erde voranzutreiben.

Montag der 22. Woche im Jahreskreis (Lk 4,16–30)

Wie jeder fromme Jude besucht Jesus in seiner Heimatstadt am Sabbat den Synagogengottesdienst. Er steht auf und liest aus dem Propheten Jesaja vor. Dann legt er die Prophetenworte aus und bezieht sie auf sich: Jetzt hat sich erfüllt, was der Prophet angekündigt hat. Ich bin dieser von Gott gesandte Heilsbringer für Israel. In mir hat Gott seine große Gnade über Israel ausgegossen. Damit offenbart er seine eigentliche Sendung. Nach anfänglichem Beifall erinnern sich die Zuhörer, dass er ja lediglich der Sohn Josefs ist. Sie wollen ähnliche Zeichen sehen, wie er sie in Kafarnaum gewirkt hat. Dadurch soll er beweisen, dass er der ist, als den er sich soeben ausgegeben hat. Aber Jesus lehnt es ab, seine Fähigkeiten für sich zu gebrauchen. Er handelt nur nach der Verfügung Gottes. Die Nazaretaner müssen schon seinen Worten glauben. Dies jedoch erregt ihren Zorn. Sie machen sich zu Richtern über Jesus, treiben ihn aus der Stadt und wollen ihn vom Berg hinabstürzen. Aber die Stunde seines Todes ist noch nicht gekommen. Er verlässt die Stadt, und niemand legt Hand an ihn.

Dienstag der 22. Woche im Jahreskreis (Lk 4,31–37)

Jesus lehrt am Sabbat in der Synagoge von Kafarnaum. Die Zuhörer sind von seiner Lehre betroffen; sie ahnen, dass hier einer in göttlicher Vollmacht spricht. Doch die Macht seines Wortes geht weiter: Da ist auch ein Mann, der von einem Dämon besessen ist. Der erkennt Jesus sofort als den „Heiligen Gottes". Jesus befiehlt dem Dämon, den Mann zu verlassen, und der Dämon muss dem Machtwort Jesu weichen.

Die Menschen sind erschrocken. Sie reden untereinander über das, was sie gehört und gesehen haben. Scheue Bewunderung und Staunen hat sie erfasst. Solche Reaktion kann zum Glauben vorbereiten. Sie können das Erlebte nicht für sich behalten, Jesu Ruf verbreitet sich in der ganzen Gegend. Sein Wort will Kreise ziehen.

Mittwoch der 22. Woche im Jahreskreis (Lk 4,38–44)

Jesus verlässt die Synagoge und geht in das Haus des Simon. Dort heilt er dessen kranke Schwiegermutter. Inzwischen haben die Leute, die in der Synagoge Zeugen seines Wirkens waren, all ihre Kranken zu Jesus gebracht. Er legt ihnen die Hände auf und heilt sie. Die Dämonen legen das Bekenntnis ab: „Du bist der Sohn Gottes." Er lässt sie aber nicht reden, weil sie wissen, dass er der Messias ist. Das Bekenntnis von Dämonen nimmt er nicht an. Wir aber finden in dem kurzen Gespräch das christologische Grundbekenntnis: Jesus ist der Sohn Gottes und der Messias. Er hat gezeigt, dass mit seinem Kommen die Macht des Bösen gebrochen und Gottes Heil angebrochen ist. Dies aber soll nicht nur in Kafarnaum bekannt werden. Deshalb verlässt er den Ort, um auch in den anderen Städten zu predigen.

Donnerstag der 22. Woche im Jahreskreis (Lk 5,1–11)

Wir haben von der Berufung der ersten Jünger nach dem Lukasevangelium gehört. Einige Fischer waschen am Seeufer ihre Netze, Jesus lehrt das Volk von einem Boot aus. Dann heißt er den Simon, hinauszufahren und die Netze auszuwerfen. Erfahrene Fischer wissen, dass jetzt, bei Tageslicht nichts zu fangen ist, wenn man schon in der Nacht erfolglos war. Aber seine Predigt hatte sie wohl beeindruckt, so dass sie seinem Wort gehorchen. Als dann ihre Netze so voll sind, dass sie zu zerreißen drohen, ist der Eindruck, den schon seine Predigt gemacht hatte, so verstärkt, dass Simon vor Jesus niederfällt und sich als Sünder bekennt, der die Nähe eines solchen Mannes nicht verdient.

Jesus aber hat für Simon eine andere Aufgabe: Nicht mehr Fische soll er fangen, sondern Menschen für Gott und sein Reich gewinnen. Da lassen Simon und seine Begleiter alles liegen und folgen Jesus nach. Ihr Leben ist an einen Wendepunkt gekommen. Der Herr hat für sie eine große Aufgabe.

Freitag der 22. Woche im Jahreskreis (Lk 5,33–39)

Jesus wird mit dem Vorwurf konfrontiert, dass seine Jünger nicht fasten wie die Jünger des Johannes und jene der Pharisäer. Er antwortet mit einem Bild und erklärt, dass jetzt nicht die rechte Zeit zum Fasten ist, weil mit ihm eine neue Heilszeit gekommen ist. In der Freude über dieses Geschenk Gottes können seine Jünger nicht fasten. Dies werden sie erst tun, wenn die Zeit der Trauer gekommen ist: nach seinem Kreuzestod.

Das Neue aber, das mit ihm gekommen ist, ist mit dem Alten unvereinbar. Wie man nicht ein Stück Stoff von einem neuen Kleid abschneidet, um damit ein altes zu flicken, so darf die Frömmigkeit der Pharisäer und Schriftgelehrten nicht einfach mit der Botschaft Jesu geflickt werden. Vielmehr ist völliges Umdenken gefordert, um dem Willen und der rechten Verehrung Gottes gerecht zu werden.

Samstag der 22. Woche im Jahreskreis (Lk 6,1–5)

Pharisäer stellen die Jünger zur Rede, weil sie am Sabbat Kornähren abreißen. Dies galt als Erntearbeit und war am Sabbat verboten. Selbstverständlich galt der Vorwurf im Grunde nicht den Jüngern, sondern Jesus. Dieser reagiert mit einer Gegenfrage. Dabei bezieht er sich auf das 1. Samuelbuch (21,1–7), wo von David berichtet wird, dass er und seine Begleiter aus Hunger das Verbot übertraten und die heiligen Schaubrote aßen, die nur die Priester essen durften. Also war David dem Buchstaben des Gesetzes nach ein Gesetzesbrecher. Dafür wurde David allerdings weder vom damaligen Priester noch von den Schriftgelehrten getadelt. Die Not des Hungers entschuldigt also von der Gesetzesübertretung. Folglich dürfen auch Jesu Jünger am Sabbat Ähren rupfen, wenn sie hungern. Gesetze sind für den Menschen da, nicht die Menschen für die Gesetze. Schließlich folgt noch ein hoheitliches Wort Jesu: „Der Menschensohn ist Herr über den Sabbat." Damit sagt er: Ich, Jesus, der Menschensohn, stehe noch über der Tora. Da aber die Tora auf Gott zurückgeht, stellt sich einer, der solches sagt, auf eine Stufe mit Gott.

Montag der 23. Woche im Jahreskreis (Lk 6,6–11)

Jesus geht in eine Synagoge, in der auch ein kranker Mann sitzt. Da lauern ihm die Schriftgelehrten und Pharisäer schon auf, ob er den Mann am Sabbat heilen werde. Heilung galt als medizinische Arbeit und war am Sabbat nur bei Todesgefahr erlaubt. Für den Mann mit der gelähmten Hand bestand aber keine Todesgefahr. Jesus ist sich über die Haltung seiner Gegner im Klaren. Deshalb ruft er den Mann in die Mitte und fragt seine Gegner, ob man am Sabbat Gutes oder Böses tun dürfe. Dann sieht er sie alle der Reihe nach an. Natürlich ist es am Sabbat erlaubt, Gutes zu tun. So können sie keinen Einwand vorbringen, als der den Mann heilt, aber innerlich kochen sie vor Wut und beraten, was sie gegen Jesus unternehmen könnten. – Jesus hat wiederum verdeutlicht, dass er gekommen ist, um den Menschen Gottes Heil zu bringen und Gottes Barmherzigkeit zu verkünden, dass er Herr ist über den Sabbat.

Dienstag der 23. Woche im Jahreskreis (Lk 6,12–19)

Gerade an seinem Verhalten zum Sabbatgebot wurde deutlich, wie sich die Gegnerschaft Jesu formierte. Die führenden Schichten Israels stehen gegen ihn. Da zieht er sich auf einen Berg zurück, um zu beten. Vereint mit seinem Vater bereitet er sich auf die Entscheidung vor, die er am Morgen treffen wird.

Als es Tag wird, ruft er die Jünger zu sich und wählt aus dem Kreis derer, die ihm nachfolgen, zwölf aus, die er Apostel nennt, also die von ihm in besonderer Weise Gesandten. Sie sollen seine Repräsentanten sein. Dass es gerade zwölf sind, also der Zahl der Stammväter Israels entsprechend, drückt aus, dass mit ihnen das neue Gottesvolk beginnen soll. Nachdem sich die Führerschaft Israels von ihm abgewandt und dem Willen Gottes versagt hat, schafft er sich seinen eigenen Führungskreis. Mit ihnen wird er sich ein neues Volk aus allen Völkern der Erde bilden.

Mittwoch der 23. Woche im Jahreskreis (Lk 6,20–26)

Am Anfang der Feldrede preist Jesus die Armen selig. Zu den Armen gehören die Hungernden, die Weinenden, die von den Menschen Gehassten und Ausgestoßenen, aber auch die um des Menschensohnes willen in Verruf Gebrachten. Wir würden heute vielleicht sagen: die Unterprivilegierten, die Diskriminierten, die sozial Schwachen, die Unterdrückten, die Ausgebeuteten, die Wehrlosen und Schutzlosen. Sie gelten auf der Erde als die Allerletzten, sie haben keine Lobby. Solche Menschen leiden Elend, aber sie hoffen auf Gott. Sie richtet Jesus durch sein Trostwort auf, sie sind selig, ihnen wendet sich Gott zu. An jenem Tag, an dem es um Leben und Tod gehen wird, wird ihr Lohn im Himmel groß sein.

Den Reichen dagegen, den Satten, denen, die alle Güter der Welt haben und genießen, die es sich ohne Rücksicht auf die Armen gut gehen lassen: Ihnen gilt der Wehruf Jesu. Denn sie vertrauen nicht auf Gott, sonst würden sie nicht zulassen, dass es unter ihnen Arme gibt. Sie verlassen sich vielmehr auf sich selbst und auf ihren Reichtum. Ihnen sagt Jesus keinen Lohn im Himmel zu.

Donnerstag der 23. Woche im Jahreskreis (Lk 6,27–38)

In das Zentrum der Feldrede stellt Jesus die Forderung der Feindesliebe. Das anzunehmen, fällt uns schwer. Wir wollen Vergeltung für das uns geschehene Unrecht, wir wollen Rache üben, wenn uns übel mitgespielt wurde. Jesus aber sagt: Handelt nicht nach dem alten Motto „Wie du mir, so ich dir". Böses sollen wir nicht mit Bösem vergelten, sonst tun wir selber Böses. Dann drehen wir an der Spirale der Bosheit und treiben sie immer höher. Dann sind wir nicht besser als jener, der uns unrecht getan hat, sondern sorgen nur immer weiter für Unrecht.

Zuletzt nennt er den Grund, warum wir auch unsere Feinde lieben sollen: „Seid barmherzig, wie es auch euer Vater ist!" An Gott sollen wir uns ein Beispiel nehmen. Seine Art zu lieben, Vergebung und Erbarmen zu üben, soll zum Maßstab unseres Handelns werden.

Das Richten über den Mitmenschen sollen wir Gott überlassen.

Freitag der 23. Woche im Jahreskreis (Lk 6,39–42)

Blinde, sagt Jesus, taugen nicht als Wegführer. Seine Jünger brauchen einen sehenden Führer, einen, der den Weg kennt, ja selber gegangen ist, ehe er andere ans Ziel führen will. Hier spricht Jesus von sich selbst. Er ist der Führer auf dem Weg zu Gott. Wer sich an ihm orientiert und ihm nachfolgt, ist auf dem Weg zu Gott, auf dem Weg zum Leben.

Darin steckt aber auch eine Mahnung an die Lehrer der Kirche, dass sie mit ihren Forderungen an die Menschen nicht über die ethischen Forderungen Jesu hinausgehen sollen. Was der Meister gelehrt hat, genügt, es ist schon der vollkommene Weg.

Wenn aber einer meint, seinen Bruder oder seine Schwester zurechtweisen zu müssen, muss er dieselbe Kritik, die er bei anderen anwendet, auch gegen sich selbst anwenden. Nur wer seine eigenen Fehler erkannt hat und korrigiert, hat ein Recht, den Bruder bzw. die Schwester zurechtzuweisen.

Samstag der 23. Woche im Jahreskreis (Lk 6,43–49)

Jesus vergleicht den Menschen mit fruchttragenden Pflanzen. Ein guter Mensch bringt Gutes hervor, ein schlechter dagegen Schlechtes. Das Herz des Menschen entscheidet darüber, ob er Gutes oder Schlechtes hervorbringt. Wie ein Mensch innerlich beschaffen ist, so wird auch die Qualität seiner Rede und seines Handelns sein. An seinen Äußerungen erkennt man, was im Inneren des Menschen wohnt und vorgeht.

Darin liegt ein leichter Hieb gegen die Pharisäer. Für sie ist eine Tat gut, wenn sie mit dem Gesetz übereinstimmt. Für Jesus muss die Tat aus der inneren Gesinnung des Menschen kommen. Wenn äußeres Tun und innere Gesinnung übereinstimmen, ist für Heuchelei kein Platz.

Die Gefahr, dass wir nur aus äußeren Beweggründen Gutes tun, z. B. damit uns die Leute oder der Pfarrer dabei sehen, ist groß. Jesus würde das Heuchelei nennen.

Montag der 24. Woche im Jahreskreis (Lk 7,1–10)

Der Hauptmann der in Kafarnaum stationierten Garnison ist Heide. Einer seiner Diener ist todkrank. Er hat von Jesus gehört und traut ihm zu, seinen Diener zu retten. So schickt er jüdische Älteste zu Jesus. Diese bitten inständig für den heidnischen Hauptmann, denn er liebt das Volk der Juden und hat ihnen eine Synagoge gebaut. Deshalb können sie sich vorstellen, dass Gott auch an dem Heiden Gutes wirken kann. Jesus geht mit ihnen. Da kommen ihm Freunde des Hauptmanns entgegen. Durch sie lässt er ausrichten, Jesus solle sich nicht bemühen, in sein Haus zu kommen. Er als Heide sei ja nicht würdig, dass der Jude Jesus sein Haus betritt. Wegen seiner Unwürdigkeit sei er auch nicht selbst zu Jesus gekommen. Er sei aber überzeugt, dass Jesus nur ein Wort sprechen müsse, damit sein Diener gesund würde. Er vergleicht die Macht Jesu mit der Macht, die er selbst über seine Soldaten hat. Was Jesus also sagen würde, das werde auch geschehen. Für so gewiss hält er die Macht Jesu über die Krankheit. Staunend erklärt Jesus, solchen Glauben habe er unter den Juden nicht gefunden. Als die Gesandten des Hauptmanns in sein Haus zurückkommen, ist der Diener bereits gesund. – Den Juden aber wird bewusst, dass mit Jesus das Heil Gottes auch zu den Heiden gekommen ist.

Dienstag der 24. Woche im Jahreskreis (Lk 7,11–17)

Zwei Züge gehen aufeinander zu: der Zug, den der Lebensspender anführt, und der Zug, dem der Tod vorangeht. Der Sohn hatte der Frau das Leben ermöglicht. An ihm hatte die Witwe Rechtsschutz, Lebensunterhalt und Trost. Mitleid hatte viele Leute veranlasst, sich dem Leichenzug anzuschließen, aber niemand konnte helfen. Jesus hat Mitleid mit ihr und sagt: „Weine nicht!" Er berührt die Bahre und sagt: „Junger Mann, steh auf!" Jesu Wort ruft ins Leben. Der Tote richtet sich auf und beginnt zu sprechen, und Jesus gibt ihn seiner Mutter zurück.

Die Macht Gottes hat sich erwiesen. Doch Gottes Macht steht im Dienst des Erbarmens. Wo er im Leben des Menschen wirkt, ist immer die Liebe seine Triebkraft.

Das Volk erkennt, dass sich in Jesus Gott selbst seines Volkes annimmt. In ihm ist Gottes Macht wirksam.

Jetzt wissen wir, wofür wir Einfluss und Macht einsetzen sollen, sofern wir sie haben: nicht, um uns wichtig und groß zu machen, sondern in Liebe für die Menschen, die uns brauchen.

Mittwoch der 24. Woche im Jahreskreis (Lk 7,31–35)

Jesus fragt die Leute: Was ist das für eine Generation, was seid ihr für Menschen? Ihr seid wie Pubertierende, die sich nur hängen lassen, auf nichts Bock haben, keine Initiative ergreifen und an allem nur herumkritisieren. Sie haben keine Lust zum Tanzen und keine Lust zum Weinen. Ihr ganzer Tag ist von Launenhaftigkeit geprägt. Johannes den Täufer kritisieren sie, weil er fastet. Den Menschensohn kritisieren sie, weil er isst und trinkt. Keiner kann es ihnen recht machen.

Die Kinder der Weisheit aber haben in Johannes und in Jesus die Weisheit Gottes erkannt.

Donnerstag der 24. Woche im Jahreskreis (Lk 7,36–50)

Als Jesus im Haus eines Pharisäers zu Gast ist, kommt eine stadtbekannte Sünderin herein und tritt an Jesus heran. Sie weint, und ihre Tränen fallen auf seine Füße. Sie trocknet die Füße mit ihrem Haar und salbt sie mit wohlriechendem Öl.

Das geht dem Pharisäer zu weit. Wenn Jesus ein Prophet wäre, müsste er wissen, dass es sich um eine Sünderin handelt und würde sich nicht von ihr berühren lassen. Jesus sieht das ganz anders. Er ist dafür bekannt, dass er sich der Sünder annimmt und ihnen Gottes Vergebung zusagt. Das löst in ihr Hoffnung, Liebe und Dankbarkeit aus. So kommt sie mit ihrem reuigen Herzen zu ihm und drückt mit ihrem Tun ihre Hoffnung und ihr Vertrauen aus. Die Sündenvergebung ist die Folge ihres Vertrauens. Die Vergebung provoziert Liebe. Kritik und Verurteilung aber verderben das Leben des Sünders.

Freitag der 24. Woche im Jahreskreis (Lk 8,1–3)

Jesus ist rastlos unterwegs. Er wandert von Stadt zu Stadt und von Dorf zu Dorf, um zu tun, wozu er gesandt ist: das Reich Gottes zu verkünden. Begleitet wird er von den Zwölfen und den übrigen Jüngern. Unter diesen ist auch eine beträchtliche Zahl von Frauen, die er geheilt hat und die sich nun aus Dankbarkeit für die Jesusbewegung engagieren. Unter ihnen sind auch Frauen aus angesehenen Gesellschaftskreisen. Sie unterstützen Jesus und die Jünger mit ihrem Vermögen. Dazu kamen noch solche Jünger und Jüngerinnen, die nicht mit ihm zogen, bei denen er aber immer wieder gern gesehener Gast war, wie z. B. Lazarus und seine Schwestern Marta und Maria.

Jesus sprengt auch hier wieder jüdische Gepflogenheit. Indem er auch Frauen in seinen Jüngerkreis aufnimmt, handelt er gegen die guten Sitten des damaligen Judentums. Niemals hätte ein Rabbi Frauen in seinen Jüngerkreis aufgenommen.

Samstag der 24. Woche im Jahreskreis (Lk 8,4–15)

Das heutige Gleichnis beschäftigt sich mit der Frage nach der Wirkweise des Wortes Gottes. Der Mensch hört Gottes Wort in der Predigt Jesu. Ob und welche Frucht das Wort bringt, hängt ganz von dem Menschen ab, der es hört.

Er kann es unter all dem, was an sein Ohr dringt, gar nicht zur Kenntnis nehmen oder von vornherein ablehnen. Er kann es zwar anhören, aber in sich verkümmern lassen. Oder andere Dinge sind ihm viel wichtiger, so dass der Same des Wortes sich in ihm nicht entfalten und gedeihen kann. Er kann es aber auch tief in sich einlassen, es wirklich als Gottes Wort annehmen und zu seiner Lebensorientierung machen.

Immer kommt es auf die Einstellung des Hörenden an, wie er mit Gottes Wort umgeht.

Hat das Wort bei uns eine echte Chance?

Montag der 25. Woche im Jahreskreis (Lk 8,16–18)

Wir müssen von der Situation der damaligen Menschen ausgehen, die kein elektrisches Licht kannten. Man zündete im Haus eine Öllampe an. Diese erfüllte ihren Zweck nur, wenn sie so auf einem Leuchter platziert wurde, dass sie allen Eintretenden den Raum erhellte.

Ebenso sollen wir es mit dem Wort Gottes machen, von dem im Sämannsgleichnis die Rede war. Wir dürfen es nicht für uns behalten, nicht in unserem Herzen einsperren, sondern sollen es in der Welt leuchten lassen. Jesus hat uns keine Geheimlehre anvertraut, sondern Gottes Botschaft als Licht für alle Menschen. Deshalb muss es an den Tag kommen und bekannt werden. Nur wenn wir es weitergeben, kann es in der Welt bekannt werden. Dann haben alle die Möglichkeit, es zu ihrem eigenen Heil anzunehmen und sich daran zu orientieren.

Dienstag der 25. Woche im Jahreskreis (Lk 8,19–21)

Die Verwandten Jesu, auch Vettern wurden damals als Brüder bezeichnet, wie es auch heute noch in manchen Kulturkreisen üblich ist, kommen, können aber wegen der vielen Leute, die ihn umlagern, nicht bis zu ihm vordringen. So meldet man ihm, dass sie draußen stünden und ihn sehen wollten. Jesus nimmt das zum Anlass, seine Vorstellung von Verwandtschaft kurz zu erklären:

Nicht die Blutsverwandtschaft zählt, sondern die Beziehung zum Wort Gottes und damit letztlich zu Gott. Die sein Wort hören und danach handeln, sind seine Mutter und seine Brüder. Dazu können auch seine leiblichen Verwandten gehören, müssen es aber nicht. Mit Sicherheit aber zählen seine Jünger zu seinen Brüdern, denn sie hören sein Wort und glauben ihm.

Auch wir hören sein Wort und sind seine Brüder und Schwestern, wenn wir es annehmen, ihm glauben und danach handeln. Es liegt in unserer Entscheidung, ob wir zur Familie des Herrn gehören.

Mittwoch der 25. Woche im Jahreskreis (Lk 9,1–6)

Jesus hat vorrangig in den Städten gepredigt und gewirkt. Aber die Botschaft soll zu allen Menschen gelangen. Also sendet er nun die Zwölf aus, und sie machen sich auf den Weg von Dorf zu Dorf. Zu ihrer Sendung gehören die Verkündigung und das Heilen. Gottes Wort ist ein heilsames Wort. Das dürfen Prediger nie vergessen. Das Wort will die Menschen aufrichten. Es will in ihr Herz dringen und es befreien. Es will Licht bringen in das Leben der Zuhörer. Es ist ein Wort der Ermutigung und des Trostes. Es mahnt zur Umkehr und sagt Vergebung zu. Es weist den Weg zum Leben, zu wirklichem und wahrem Leben, zum Leben in Fülle. Auch in der heutigen Verkündigung muss Gottes Wort ein heilendes Wort sein.

Jesus weiß, dass nicht alle Menschen das Wort aufnehmen wollen. Es kann ja nur in freier Entscheidung aufgenommen werden. Darüber sollen seine Jünger nicht verzagen oder verzweifeln. Glauben kann man nicht erzwingen. Deshalb sollen sie in einem solchen Fall ganz einfach wieder gehen.

Donnerstag der 25. Woche im Jahreskreis (Lk 9,7–9)

Die Erzählungen über das Wirken Jesu dringt zu Herodes Antipas vor. Er ist unsicher, wie er über das Gehörte denken soll. Als aufgeklärter Hellenist betrachtet er die Sache ganz nüchtern. An ein Wiedererscheinen eines alten Propheten wie Elija, der im Volksglauben nicht gestorben, sondern in den Himmel entrückt worden war und nun wiedergekommen sein soll, glaubte er nicht, ebenso wenig an eine Auferstehung der Toten. Johannes den Täufer hatte er selbst hinrichten lassen. Wer ist dann dieser Mensch, von dem alle so seltsame Dinge berichten? Herodes möchte ihn einmal sehen, mit ihm sprechen, um sich ein Urteil zu bilden. Aber zur Einsicht, wer Jesus wirklich ist, kann man nicht auf dem Weg der Erkenntnis gelangen, sondern nur auf dem Weg des Glaubens.

Freitag der 25. Woche im Jahreskreis (Lk 9,18–22)

Heute stellt Jesus den Jüngern die Frage, für wen ihn die Leute halten. Sie geben ihm dieselbe Antwort, die Herodes von seinen Beratern erhalten hatte: Johannes der Täufer oder einer der alten Propheten, der auferstanden ist. Nun fragt Jesus die Jünger, für wen *sie* ihn halten. Die Antwort des Petrus: für den Messias Gottes.

Jesus lässt die Antwort gelten und spricht von seinem bevorstehenden Leiden, seinem Tod und seiner Auferstehung. Aber er spricht nicht einfach im Futur: Der Menschensohn wird viel leiden, sondern er sagt: „Der Menschensohn muss viel leiden." Damit macht er deutlich, dass sein Leiden und Sterben nicht die Folge einer politischen Entwicklung sein wird, sondern ein von seinem Vater verfügtes Muss ist. Indem er sich dem Willen des Vaters unterwirft, wird er die Menschen erlösen, aber auch auferstehen. Sein Tod wird also nicht eine Niederlage sein, sondern Sieg.

Samstag der 25. Woche im Jahreskreis (Lk 9,43b–45)

Während die Leute über Jesu Taten staunen, sagt er den Jüngern wiederum sein Leiden voraus. Er unterstreicht seine Worte mit der Einleitung: „Nehmt diese Worte in eure Ohren!" Also ähnlich wie wir, wenn wir besondere Aufmerksamkeit erregen wollen, sagen: „Schreib dir das hinter die Ohren!" Dann sagt er: „Der Menschensohn wird den Menschen ausgeliefert werden." Tötung und Auferstehung werden hier nicht eigens erwähnt. Aber wichtig ist die passivische Formulierung „er wird ausgeliefert werden". Sofort fragt der Hörer: Von wem wird er ausgeliefert werden? Die Antwort ist klar: Er wird den Menschen von Gott ausgeliefert werden. Gott ist der Urheber des Heilsplans für die Menschen.

Die Jünger verstehen den Sinn seiner Worte nicht, aber sie scheuen sich auch, danach zu fragen. Fürchten sie vielleicht, dass ihre falschen Messiasträume von einem irdischen Reich zerstört werden könnten?

Montag der 26. Woche im Jahreskreis (Lk 9,46–50)

Wie kleine Kinder streiten die Jünger darüber, wer von ihnen der Größte sei. Wir können uns gut vorstellen, wie jeder seine Vorzüge zum Besten gibt. Da stellt Jesus ein Kind neben sich und erklärt: „Wer dieses Kind um meinetwillen aufnimmt, nimmt mich auf; wer aber mich aufnimmt, nimmt den auf, der mich gesandt hat." Jesus identifiziert sich mit dem Kind und sagt damit: So sollt ihr euch mit den Unterprivilegierten, mit den Armen, mit den Kleinen und Unterdrückten solidarisieren, wenn ihr mit mir und dem Vater Gemeinschaft haben wollt. Die Jünger müssen selbst „klein" werden, wenn sie im Reich Gottes etwas gelten wollen.

Damit gibt uns Jesus eine deutliche Lehre gegen jedes Geltungsstreben und jedes Postengerangel in der Kirche. Nicht auf solches Ansehen kommt es im Reich Gottes an, sondern allein auf die Qualität unseres Dienens an denen, die dessen bedürfen.

Sind wir schon auf diesem Weg?

Dienstag der 26. Woche im Jahreskreis (Lk 9,51–56)

Die Zeit des irdischen Wirkens Jesu neigt sich dem Ende zu. Deshalb entschließt er sich, nach Jerusalem aufzubrechen. Der Evangelist spricht von der Zeit, „in der Jesus in den Himmel aufgenommen werden sollte". Er hat also bereits das Ziel von Leiden, Kreuzigung und Tod vor Augen.

Jesus schickt Boten voraus, die eine Unterkunft für ihn besorgen sollen. Der Weg nach Jerusalem führt durch Samarien. So kommen sie in ein samaritisches Dorf. Dort wird Jesus die Aufnahme verweigert, weil er auf dem Weg nach Jerusalem ist. Die Samariter betrachten die Juden als ihre Feinde; deshalb gewähren sie Reisenden auf dem Weg dorthin keine Gastfreundschaft. Darüber sind Jakobus und Johannes so erzürnt, dass sie ein Strafgericht über den Ort herbeirufen wollen, das die Bewohner vernichtet.

Jesus weist sie aber zurecht und geht weiter. Er ist nicht in die Welt gekommen, um zu vernichten, sondern um zu retten. Haben ihn die Apostel immer noch nicht verstanden? Auch sie sind ja nicht gesandt, Menschen zu vernichten, sondern zu retten.

Mittwoch der 26. Woche im Jahreskreis (Lk 9,57–62)

Auf dem Weg redet ein Mann Jesus an. Er will ihm bedingungslos nachfolgen. Jesus lehnt ihn nicht ab, aber ehe eine Entscheidung fällt, nennt er ihm die Bedingungen der Nachfolge: ein Wanderdasein, ständig unterwegs, kein Zuhause. – Wie sich der Mann dann entschieden hat, berichtet uns der Evangelist nicht.

Nun ruft Jesus selbst einen Mann in seine Nachfolge. Dieser ist bereit, will aber zuvor noch eine Pietätspflicht gegenüber seinem Vater erfüllen und ihn beerdigen. Jesus akzeptiert das nicht. „Lass die Toten ihre Toten begraben; du aber geh und verkünde das Reich Gottes." Dem Reich Gottes, das mit Jesus angebrochen ist, darf nichts vorgezogen werden. Es muss ohne Verzögerung verkündet werden.

Schließlich kommt ein anderer und erklärt seine Bereitschaft zur Nachfolge. Er spricht nur eine Bitte aus: sich zuvor von seiner Familie verabschieden zu dürfen. Jesus aber verlangt von denen, die ihm nachfolgen wollen, zwischenmenschliche Bindungen zurückzustellen. Es gibt nichts Wichtigeres als die Botschaft vom Reich Gottes. Diese muss ohne Verzögerung in die Welt getragen werden.

Donnerstag der 26. Woche im Jahreskreis (Lk 10,1–12)

Die Zwölf, die Jesus aus den Jüngern ausgewählt hatte, können die Arbeit nicht schaffen. Deshalb wählt Jesus aus den übrigen Jüngern zweiundsiebzig andere aus und sendet sie in alle Städte und Ortschaften. Die Zahl zweiundsiebzig bezieht sich auf das Alte Testament, wonach es zweiundsiebzig Völker auf der Erde gibt. Damit erhebt Jesus Anspruch auf die ganze Menschheit. Zu allen Menschen soll seine Botschaft vom Reich Gottes und seinem Heil gelangen. Die Aussendung zu zweit entspricht dem jüdischen Zeugnisrecht; wenn zwei Zeugen dieselbe Aussage machen, gilt sie als glaubwürdig. Es gibt aber zu wenig Arbeiter für die Ernte. Deshalb sollen die Jünger den Herrn der Ernte, nämlich Gott, um weitere Arbeiter bitten.

Persönlich anspruchslos sollen die Missionare sein und zielstrebig ihre Aufgabe erledigen. Nicht einmal von einem Plausch sollen sie sich unterwegs aufhalten lassen. Jedem Haus, in das sie kommen, sollen sie den göttlichen Frieden (Schalom) wünschen und Einladungen annehmen, denn der Arbeiter hat ein Recht auf Lohn. Wo man ihnen jedoch die Aufnahme verweigert, sollen sie zum Zeugnis gegen diese Stadt den Staub von ihren Füßen schütteln und die Nähe des Reiches Gottes ausrufen.

Freitag der 26. Woche im Jahreskreis (Lk 10,13–16)

Die Wehrufe Jesu beziehen sich auf drei Städte am Nordufer des Sees von Gennesaret: Chórazin, Betsáida und Kafarnaum. Dort hatte Jesus besonders lange gepredigt und zahlreiche Wunder gewirkt, zum Glauben aber waren sie nicht gekommen. Die heidnischen Städte Tyrus und Sidon haben diese Gnade des Wirkens Jesu nicht empfangen. Hätte Jesus bei ihnen all das getan, was in den galiläischen Städten geschehen ist, so hätten sie sich bekehrt und in Sack und Asche Buße getan. Darum werden sie beim Endgericht besser dastehen als jene Städte, um die sich Jesus so bemüht hatte.

Die von Jesus Gesandten vertreten ihn vollgültig. Wer sie hört, hört ihn selbst. Wer sie ablehnt, lehnt damit ihn ab und den, der ihn gesandt hat, den Vater. Keiner kann sich darauf ausreden: Wenn ich Jesus persönlich begegnet wäre, hätte ich ja geglaubt, aber seinen Vermittlern glaube ich nicht. Mögen die Verkünder des Wortes Gottes auch noch so viele persönliche Mängel aufweisen, in ihrer Verkündigung repräsentieren sie den Herrn. – Dieses Wort Jesu muss freilich zugleich Anlass zur Selbstprüfung für alle sein, die sein Wort verkünden.

Samstag der 26. Woche im Jahreskreis (Lk 10,17–24)

Voll Freude kehren die zweiundsiebzig von ihrer Mission zurück. Sie sprechen Jesus als „Herrn" an. In seinem Namen hatten sie Macht über die Dämonen. So erlebten sie, wie sich in Jesus die Gottesherrschaft auswirkt. Der Satan hat keine Macht mehr, wo er mit dem wahren Herrn der Welt konfrontiert wird. Die Jünger Jesu sollen sich aber freuen, dass ihre Namen im Himmel aufgezeichnet sind. Wer nämlich mithilft, dass dem Bösen in dieser Welt Einhalt geboten wird, dem gehört das Reich Gottes.

Jesus bricht in freudigen Jubel aus, weil der Vater denen, die als unmündig und unbedeutend galten, Erkenntnis der Wahrheit geschenkt hat, nachdem jene, die als klug und weise galten, die Pharisäer und Schriftgelehrten, sich auch für Gott als unbelehrbar erwiesen hatten.

Sorgen wir dafür, dass wir nicht zu den Neunmalklugen gehören, die für Gott unbelehrbar sind!

Montag der 27. Woche im Jahreskreis (Lk 10,25–37)

Mit der Frage, was er tun müsse, um das ewige Leben zu gewinnen, will ein Gesetzeslehrer Jesus auf die Probe stellen. Auf die Gegenfrage Jesu, was er in der Tora darüber lese, antwortet er mit dem Gebot der Gottes-, Selbst- und Nächstenliebe. Er weiß es also schon. Jesus aber macht ihm klar, dass das akademische Wissen darüber nichts nützt, dass er vielmehr danach handeln müsse.

Der Gesetzeslehrer gibt nicht auf. Er fragt nun, wer denn sein Nächster sei. Er ist sich bewusst, dass man theoretisch kaum werde bestimmen können, wer „mein Nächster" ist und wer es nicht mehr ist. Jesus durchschaut den vermeintlich Klugen. Er antwortet nicht mit einer Begriffsdefinition, sondern mit dem Gleichnis vom barmherzigen Samariter. Dieses birgt die Brisanz in sich, dass sich Samariter und Juden gegenseitig verachteten und als Feinde einstuften. Jesus beendet das Gleichnis mit der Frage, wer sich nun als der Nächste des Überfallenen erwiesen habe. Die Antwort: „Der barmherzig an ihm gehandelt hat." Wiederum zielt Jesus auf das Handeln ab: „Geh und handle genauso!" Das aber bedeutet: Auch dein Feind ist dein Nächster, dem du Barmherzigkeit erweisen sollst.

Dienstag der 27. Woche im Jahreskreis (Lk 10,38–42)

Ein Fehlverständnis dieser Jesusbelehrung geht häufig von der Annahme aus, die Alternative zum Besseren sei das Schlechte. Daraus wir der Schluss gezogen, dass Jesus das Tun der Marta tadle. Tatsächlich ist aber eine Alternative des Besseren das Gute.

Mit dem Gleichnis vom barmherzigen Samariter hatte Jesus seine Tatethik vorgetragen. Diese Nächstenliebe ist auch dem Nichtchristen möglich, im Grunde als humanes Tun sogar verpflichtend. Das Hören auf Jesu Wort aber ist ein Spezifikum des Jüngers.

Die Pflichten der Gastfreundschaft, Zuwendung zum Mitmenschen oder auch religiöser Aktivismus sind noch nicht alles. Den Jünger zeichnet es aus, dass er intensiv hinhört, was ihm der Herr sagen will, und darüber nachdenkt. Daraus zieht er dann die richtigen Konsequenzen für sein Handeln. Auf diese Weise wird er von selbst auch die Pflichten der Nächstenliebe erfüllen. Insofern hat zwar Marta das Gute getan, Maria jedoch das Bessere.

Mittwoch der 27. Woche im Jahreskreis (Lk 11,1–4)

Nach der Nächstenliebe und dem Hören auf Jesu Wort wird uns heute das Beten als Charakteristikum eines Jüngers vorgestellt. Die wiederholte Erfahrung des betenden Jesus löst in den Jüngern die Frage aus, ob sie denn richtig beten bzw. wie sie beten sollten. Da diese Frage nur der Meister selbst beantworten kann, fragen sie ihn danach.

Bezeichnend für Jesu Gottesbild ist die Anrede Gottes mit „Vater". Markus überliefert uns (14, 36) sogar das von Jesus verwendete aramäische Wort „abba". Das war eine ganz vertraute Anrede, die nur im engen Familienkreis verwendet wurde, entsprechend unserem „Papa". Darauf folgt die Doppelbitte um die Verherrlichung Gottes und das Kommen seines Reiches. Schließlich sollen die Jünger für sich selbst beten: um das nötige tägliche Brot für den folgenden Tag und um Vergebung der Sündenschuld, die nur durch Gott geschehen kann. Da er aber unser guter Vater ist, dürfen wir auch darauf vertrauen. Dann beteuert der Betende, dass auch er jedem seine Schuld vergibt. Dies erinnert an das Gleichnis vom unbarmherzigen Knecht (Mt 18,21–35). Zuletzt folgt die Bitte um Bewahrung vor der Versuchung. Hier ist nicht irgendeine Versuchung zum Sündigen gemeint, sondern die Versuchung, die eine Gefährdung des Glaubens zur Folge hat oder zum Abfall vom Glauben führen kann. Um Bewahrung vor dieser Gefahr sollen wir beten.

Donnerstag der 27. Woche im Jahreskreis (Lk 11,5–13)

Es gibt Menschen, die viel für andere beten, aber nicht für sich selbst, weil sie sich dann egoistisch vorkämen. Eine solche Einstellung korrigiert Jesus. Heute ermahnt er uns eindringlich zum Bittgebet auch für uns selbst. In einem ersten Beispiel erzählt er von einem Menschen, der lediglich wegen der Zudringlichkeit eines anderen aufsteht und ihm gibt, was er braucht. In einem zweiten Beispiel schließt er von einem Menschen auf Gott. Wenn schon Menschen, die hinreichend böse sind, ihren Kindern geben, was für sie gut ist, wie viel mehr dann Gott, der Gute schlechthin! Ihn wird keiner vergebens bitten.

Das Geschenk des himmlischen Vaters ist der Heilige Geist. Durch ihn wirkt Jesus. Er macht die Jünger zu dem, was sie sein sollen: zu Menschen, die den Willen Gottes erfüllen, unter seiner Führung leben und so glaubenstreu durchhalten bis zur Wiederkunft ihres Herrn.

Freitag der 27. Woche im Jahreskreis (Lk 11,14–26)

Während die einen nach einer Dämonenaustreibung staunen, werfen die anderen Jesus vor, er würde mit Hilfe des Anführers der Dämonen diese austreiben. Dann aber wäre er ein Spießgeselle Satans. Mit einem Bildwort erwidert ihnen Jesus, dass der Teufel sein eigenes Reich zerstören würde, wenn er mit sich selbst im Streit läge. Sie sollten deshalb vielmehr erkennen, dass er durch Gott die Dämonen austreibt, ja dass durch ihn das Reich Gottes schon in die Welt gekommen ist.

In einem zweiten Bildwort rühmt er die überlegene Macht Gottes, der als der Stärkere den angeblich Starken dieser Welt, den Satan, entwaffnet und entmachtet. In diesem Wettkampf zwischen Gott und dem Satan kann es keine Unentschiedenheit geben. Wer nicht mit ihm für Gottes Reich und damit für das Heil der Menschen kämpft, der steht auf der Seite Satans.

Samstag der 27. Woche im Jahreskreis (Lk 11,27–28)

Eine Frau aus dem Volk ist überwältigt von der Macht Jesu. Er überwältigt die Satansherrschaft und bringt das Heil. Das veranlasst sie zu einer Seligpreisung seiner Mutter: „Selig die Frau, deren Leib dich getragen und deren Brust dich genährt hat." Die Größe des Sohnes macht auch die Mutter groß.

In seiner Reaktion macht Jesus deutlich, dass die leibliche Mutterschaft allein kein Grund zur Seligpreisung ist. Rettung kommt vielmehr *dem* Menschen zu, der das Wort, das Jesus verkündet, Gottes Wort, hört *und* befolgt. Das Hören allein ist es noch nicht. Aus dem Hören muss die Entscheidung zur Nachfolge kommen. Wer diesen Schritt geht, sagt Jesus, ist wahrhaft selig.

Was Jesus hier sagt, trifft auch auf seine Mutter zu. Sie hat Gottes Wort durch den Engel gehört, ihr Ja dazu gesagt und es beispielhaft befolgt.

Montag der 28. Woche im Jahreskreis (Lk 11,29–32)

Immer mehr Menschen strömen zu Jesus, aber unter ihnen sind viele verstockt und ohne Glaubensbereitschaft. Darum nennt er diese Generation böse. Sie haben miterlebt, wie er nicht nur machtvoll gepredigt, sondern auch Kranke geheilt und Dämonen ausgetrieben hat. Doch all das reicht ihnen nicht. Ein anderes Zeichen wird ihnen jetzt nicht gegeben. Aber wenn die Zeit gekommen ist, wird ihnen das Zeichen des Jona gegeben werden. Wie dieser nach drei Tagen aus dem Grab des Fischbauches gerettet wurde und zur Bußpredigt nach Ninive ging, als Zeichen, damit sie sich bekehrten, so wird der Menschensohn aus dem Grabe auferstehen und schließlich in Macht und Herrlichkeit zum Gericht wiederkommen. Dann wird sich keiner mehr seiner Macht entziehen können.

Die Königin des Südens kam nach Jerusalem, um die Weisheit Salomos zu hören. In Jesus aber ist einer gekommen, der mehr ist als Salomo. Und die Einwohner von Ninive haben sich nach der Predigt des Jona bekehrt. Jesus aber ist mehr als Jona. Trotzdem haben sich die Menschen dieser Generation nicht bekehrt. Damit fällen sie das Urteil über sich selbst.

Dienstag der 28. Woche im Jahreskreis (Lk 11,37–41)

Ein Pharisäer hat Jesus zum Mittagstisch eingeladen. Doch er wundert sich, dass sich Jesus vor dem Essen nicht die Hände wäscht. Das Händewaschen vor dem Essen gehörte ebenso zu den Reinheitsvorschriften wie das Reinigen von Ess- und Trinkgeschirr. Deshalb musste, wer fromm sein wollte, all dies beachten.

Jesus dagegen spricht den Pharisäer auf die Reinheit vor Gott an. Darauf kommt es an. Ihr achtet nur auf eure äußere Reinheit, wirft er ihm vor. Im Inneren, in eurem Herzen aber sitzt die Sünde, Raubgier und Bosheit. Dann nennt er die Pharisäer Dummköpfe, denn Gott hat auch das Innere, das Herz, das Gewissen erschaffen. Dort entscheidet sich, ob einer gut oder böse ist. Wenn ihr innen gut seid, dann werdet ihr mit den Armen teilen, denn in der Liebe besteht das ganze Gesetz.

Mittwoch der 28. Woche im Jahreskreis (Lk 11,42–46)

Immer noch zu Gast bei dem Pharisäer, spricht Jesus Wehrufe über die Pharisäer aus. Sie beachten peinlich genau die kleinsten Vorschriften des mosaischen Gesetzes. Aber die Gerechtigkeit gegenüber den Menschen und die Liebe zu Gott missachten sie. Dabei legen sie Wert darauf, von den Menschen geachtet und geehrt zu werden. Sie sind wie verfallene Gräber, also unreine Orte, über die man hinweggeht, ohne sie zur Kenntnis zu nehmen.

Mit dem Wehruf über die Gesetzeslehrer macht uns der Herr deutlich, dass wir zunächst selber tun müssen, was wir von anderen erwarten oder fordern.

Sie haben ihre religiöse und moralische Autorität für die Menschen missbraucht und deshalb verloren. Darum musste Gott seinen Sohn schicken, damit der tatsächliche Wille Gottes von den Menschen erkannt wird. Deshalb ist das Wort Jesu für uns *die* Chance, Gottes Willen zu erkennen und danach zu leben.

Donnerstag der 28. Woche im Jahreskreis (Lk 11,47–54)

Nach den Pharisäern nimmt Jesus die Gesetzeslehrer aufs Korn. Ihnen wirft er vor, den Menschen Gesetzeslasten aufzuladen, ohne sich selbst daran zu halten. Ihre Scheinheiligkeit drückt sich darin aus, dass sie den Propheten, die ihre Väter umgebracht haben, Denkmäler errichten, während sie den noch lebenden Propheten Jesus nicht respektieren wollen. Sie wollen ihn nicht annehmen, obwohl sie durch ihre Schriftkenntnis die Schlüssel haben, ihn zu erkennen. Doch sie verweigern sich nicht nur selbst dem Glauben an ihn, sondern hindern auch jene daran, die dazu bereit wären.

Es sind harte Worte, die Jesus als Gast im Haus des Pharisäers gebraucht. Aber er geht der Wahrheit nicht aus dem Weg und nennt Unrecht und Unglauben beim Namen.

Freitag der 28. Woche im Jahreskreis (Lk 12,1–7)

Jesus warnt die Jünger vor der Heuchelei der Pharisäer, die sich wie ein aufgehender Sauerteig ausbreitet. Ihm geht es um die Glaubwürdigkeit und Übereinstimmung von Reden und Handeln. Als seine Freunde sollen sie sich nicht vor denen fürchten, die nur den Leib töten können, sondern sollen Gott fürchten, der vor der Hölle retten kann.

Angesichts seines bevorstehenden Todes ermahnt er die Jünger zu furchtlosem Bekenntnis. Dabei dürfen sie wissen, dass Gott keinen, der sich zu Jesus bekennt, vergessen wird. Also kein Grund zur Furcht: Jeder, der dem Herrn die Treue hält, wird gerettet werden. Fassen wir also Mut! Halten wir uns an sein Wort und an sein Beispiel!

Samstag der 28. Woche im Jahreskreis (Lk 12,8–12)

Jesus verlangt von seinen Jüngern auch dann das Bekenntnis zu ihm, wenn deswegen Verfolgung droht. Allen, die sich zu ihm bekennen werden, verspricht er, beim Endgericht als ihr Anwalt aufzutreten.

Warum wird jedem vergeben, der etwas gegen den Menschensohn sagt, nicht aber dem, der den Heiligen Geist lästert? Lukas identifiziert den Menschensohn mit dem irdischen Jesus. Wer nicht zur Erkenntnis des wahren Wesens Jesu gelangt ist, dem wird vergeben werden. Wer aber Gott selbst und seinen Heiligen Geist lästert, begeht Blasphemie. Dasselbe gilt für den, der Jesus als Gottes Sohn erkannt, aber sich nicht zu ihm bekannt hat.

Im Falle der Verfolgung brauchen sich jene, die sich zu Jesus bekennen, nicht um ihre Verteidigung zu sorgen; sie dürfen dann auf den Beistand des Heiligen Geistes vertrauen.

Montag der 29. Woche im Jahreskreis (Lk 12,13–21)

Zunächst lehnt Jesus es ab, als Schlichter in Erbstreitigkeiten aufzutreten. Er nützt diese Gelegenheit zu einer Mahnrede über den Umgang mit irdischem Besitz und warnt vor der Habgier, weil Reichtum kein Leben verbürgt. Ein Dummkopf ist, wer meint, sein Leben mit irdischem Besitz sichern zu können. Kurzsichtig und töricht denken jene, die sich nur auf Konsum, Genuss und diesseitige Lebensfreude fixieren, dabei aber die wahre Dimension des Lebens außer Acht lassen. Sie sind dumm, weil sie nur für ein paar Jahre oder Jahrzehnte Vorsorge treffen, dabei aber ihre Glückseligkeit der endlosen Jahrtausende nach dem irdischen Tod verspielen. Der kluge Mensch sammelt deshalb nicht nur für sich Schätze an, sondern nimmt seine soziale Verantwortung für die anderen im Sinn der Nächstenliebe wahr. Er hat am Ende Schätze vor Gott angesammelt.

Dienstag der 29. Woche im Jahreskreis (Lk 12,35–38)

Wenn damals in Palästina ein Knecht auf die Rückkehr seines Herrn von einer Hochzeit wartete, wusste er nicht genau, wann sein Herr mitten in der Nacht kommen würde. Er musste jeden Augenblick bereit sein. Darum musste er wach bleiben und durfte den Gürtel, mit dem er sein Gewand schürzte, nicht ablegen, sonst hätte er nicht augenblicklich aufspringen und die Türe öffnen können. Dann wäre sein Herr unwillig geworden. Ebenso musste er das Lampenöl immer wieder auffüllen, damit das Haus beim Eintritt des Herrn sofort erleuchtet war.

Diese Praxis überträgt Jesus auf den Tag seiner Wiederkunft. Dieser Tag steht für jeden von uns bevor, doch wir wissen nicht, an welchem Tag und zu welcher Stunde es sein wird. Folglich müssen wir immer wach und bereit sein für das Kommen des Herrn.

Wenn er uns aber bei seinem Kommen wach und bereit findet, dann wird er sich wie ein Knecht gürten, uns, seine Knechte, beim endzeitlichen Mahl in seinem Reich am Tisch Platz nehmen lassen und uns bedienen, als wären wir Herren. Deshalb nennt er diejenigen, die er bei seinem Kommen wach findet, selig.

Mittwoch der 29. Woche im Jahreskreis (Lk 12,39–48)

So wie niemand weiß, wann ein Einbrecher sein Haus aufsuchen wird, so wissen wir nicht, wann Christus wiederkommen wird. Deshalb müssen wir zu jeder Stunde dafür bereit sein.

Für die Apostel, bzw. heute für die Vorsteher der Christengemeinden, gilt das Folgende:

Sie sind vom Herrn bis zu seiner Wiederkunft als Verwalter seiner Gemeinden eingesetzt. Sie sollen treu und gewissenhaft für das Heil ihrer Gemeindemitglieder sorgen. Wenn einer dies tut, wird er selig sein und vom Herrn reich belohnt werden.

Anders jedoch jener Gemeindeverantwortliche, der sich um seine Pflichten nicht ernsthaft kümmert. Er wird hart bestraft werden. Wem nämlich vom Herrn viel anvertraut wurde, von dem wird er umso mehr verlangen. Ein Wort des Herrn an die Bischöfe, Priester, Klostervorsteher, Religionslehrer und andere, die in der Kirche Verantwortung tragen; ein Wort, das uns betroffen und nachdenklich machen kann.

Donnerstag der 29. Woche im Jahreskreis (Lk 12,49–53)

Das Auftreten Jesu in Israel wirkt wie ein Feuer. Sein Ruf zur Umkehr, seine Reich-Gottes-Botschaft und seine Einladung zur Nachfolge können Begeisterung wecken, aber auch vernichten. Denn die Menschen stehen nun in der Entscheidung. An seinem Wort scheiden sich die Geister. Die Folge davon ist Spaltung, die bis in die Familien hineingehen kann. Es gibt nur das Ja oder das Nein zu Christus. Da gibt es keinen künstlichen Frieden als faulen Kompromiss.

Aber der Messias ist doch als Friedensbringer angesagt? Jawohl, aber die endgültige Friedens- und Heilszeit kommt erst danach. Die Jetztzeit ist Zeit der Entscheidung, des Bekenntnisses und der Nachfolge. In dieser Zeit leben wir.

Freitag der 29. Woche im Jahreskreis (Lk 12,54–59)

Jesus nennt die Menschen, die ihm zuhören, Heuchler. Die Naturerscheinungen können sie deuten. Wenn Wolken aus dem Westen, also vom Meer, heranziehen, wissen sie, dass Regen kommt. Wenn der Wind aus dem Süden, also von der Wüste her, weht, wissen sie, dass es heiß wird.
   Die Zeichen der Zeit können sie aber nicht deuten. Sie sind Zeugen seiner Verkündigung geworden, Zeugen all seiner Taten gewesen, haben die Zeichen und Wunder erlebt, die er getan hat. Somit sind sie Zeugen der anbrechenden Gottesherrschaft geworden. Aber sie haben sich immer noch nicht zum Glauben entschlossen. Nun wird es höchste Zeit, dass sie durch Umkehr und Nachfolge die Chance ergreifen, die ihnen Gott in Jesus angeboten hat.
   Es ist die Chance, die Gott auch uns angeboten hat.

Samstag der 29. Woche im Jahreskreis (Lk 13,1–9)

In Israel war es üblich, dass man in Weingärten auch Feigenbäume pflanzte. Nun stellt ein Weinbergbesitzer fest, dass einer seiner Feigenbäume schon jahrelang keine Früchte trägt. Also soll ihn der Gärtner umhauen. Er ist ja nutzlos und entzieht nur dem Boden seine Nährstoffe. Der Gärtner bittet um eine Gnadenfrist für den Baum. Er will sich dieses Jahr noch besonders um ihn kümmern. Trägt er nächstes Jahr immer noch keine Früchte, dann soll er umgehauen werden.
   Bei den Propheten wird das Volk Israel wiederholt mit einem Feigenbaum verglichen. Aktuell heißt das: Israel hat keine Frucht gebracht. Aber Gott hat seinen Sohn gesandt, um ihm eine letzte Chance zu geben, umzukehren. Wenn es auch diese Chance vertut, dann ist ihm nicht mehr zu helfen, dann ist es dem Gericht verfallen.
   Für uns heißt das: Wie steht es um uns? Wie sieht das bei uns aus mit dem Früchtebringen? Noch ist es nicht zu spät, wir haben noch eine Chance. Werden wir sie nützen?

Montag der 30. Woche im Jahreskreis (Lk 13,10–17)

In der Synagoge sitzt eine Frau, deren Rücken seit achtzehn Jahren so verkrümmt ist, dass sie sich nicht mehr aufrichten kann. Jesus sieht sie, legt ihr die Hände auf – ein Zeichen der menschlichen Nähe zu der Leidenden – und sagt zu ihr: „Frau, du bist von deinem Leiden erlöst."
Aber diese Heilung fand an einem Sabbat statt. Darüber ist der Synagogenvorsteher empört. Daraufhin nennt ihn Jesus einen Heuchler. Jeder in Israel bindet am Sabbat seine Tiere von der Futterkrippe los und führt sie zur Tränke. Hier aber handelt es sich um eine Tochter Abrahams. Ist sie nicht viel mehr wert als Stalltiere? Ist es nicht viel schlimmer, vom Satan gefesselt zu sein, als an die Futterkrippe gebunden zu sein? Da sollte ich dieser armen Frau die Hilfe verweigern?
In der Heilung der Frau offenbart sich der Heilswille Gottes, den Jesus nach Israel gebracht und in die Tat umgesetzt hat.
Alle seine Gegner sind nun beschämt, das Volk aber freut sich.

Dienstag der 30. Woche im Jahreskreis (Lk 13,18–21)

In zwei Parabeln vergleicht Jesus das Reich Gottes mit einem Senfkorn und mit einem Stück Sauerteig. Wie das Senfkorn, so groß wie ein Stecknadelkopf, sobald es in die Erde gesät ist, zu einem großen Strauch heranwächst, so dass in seinen Zweigen die Vögel nisten, und wie der Sauerteig die vergleichsweise riesige Mehlmenge durchsäuert, so ist es mit dem Reich Gottes. Klein und unscheinbar ist es am Anfang. Aber es hat die Kraft zu einer gewaltigen Bewegung in sich. Jesus hat damit begonnen, das Reich Gottes zu den Menschen zu bringen. Nun, da es angekommen ist, wird es wachsen und gedeihen und die ganze Völkerwelt umspannen. Nichts wird es mehr aufhalten können, weil in ihm die Kraft Gottes wirkt.

Mittwoch der 30. Woche im Jahreskreis (Lk 13,22–30)

Auf dem Weg nach Jerusalem lehrt Jesus in den Städten und Dörfern. Da fragt ihn einer, ob es nur wenige sind, die gerettet werden. Jesus entgegnet ihm, dass die Tür zum endzeitlichen Heil, zum ewigen Leben, eng ist. Er vergleicht die Situation der Menschen mit einem Wettkampf: Kämpft darum, dass ihr hineinkommt! Denn wenn es so weit ist, werden viele vergeblich hineinkommen wollen. Der Herr selbst wird die Tür verschließen. Wenn ihr dann draußen steht und um Einlass bittet, wird er zu euch sagen: „Ich weiß nicht, woher ihr seid, ich kenne euch nicht." Dann werden sie ihn daran erinnern, dass sie doch mit ihm gegessen und getrunken haben, dass er in ihren Straßen gelehrt hat. Mitten unter ihnen hat er doch gelebt, und jetzt will er sie nicht kennen?

Ihr Appell wird aber ungehört verhallen, denn sie haben seine Predigt nicht ernst genommen, sie haben nicht getan, was er sie gelehrt hat. Damit haben sie jedoch das Heilsangebot Gottes ausgeschlagen.

Das Hören der Predigt und die Mahlgemeinschaft mit dem Herrn sind keine Garantie für das ewige Leben. Allein die Entscheidung zu Umkehr und Nachfolge kann den Menschen retten.

Donnerstag der 30. Woche im Jahreskreis (Lk 13,31–35)

Bei der Androhung, Herodes wolle Jesus töten, handelt es sich wohl um einen Schreckschuss. Herodes will dadurch erreichen, dass Jesus nicht nach Galiläa zurückkehrt, denn er ist ihm unheimlich. Herodes will sich nicht für oder gegen ihn entscheiden. Einige Pharisäer denken ebenso. Deshalb nennt Jesus Herodes einen Fuchs. Füchse sind listig und feige, sie ziehen nur nachts und heimlich auf Raub aus; wird es hell, verkriechen sie sich in ihren Höhlen. Jesus aber fordert klare Stellungnahme und Entscheidung. In seiner Antwort stellt Jesus klar, dass er selbst in Abstimmung mit seinem Vater über sein Handeln entscheidet. Sein Leiden steht zwar bevor, aber „heute und morgen und am folgenden Tag muss ich weiterwandern". Jesus weiß sich als Prophet und ist schon auf dem Weg nach Jerusalem, „denn ein Prophet darf nirgendwo anders umkommen als in Jerusalem".

Jesus hält die Totenklage über Jerusalem. Alles hat er getan, um die Menschen in Jerusalem für Gottes Botschaft und Reich zu gewinnen. Aber vergebens. Sie haben nicht gewollt. Sie sind nicht besser als ihre Väter, die auch schon die Propheten umgebracht haben. Mit dem Tod Jesu kündigt sich bereits der Untergang der Stadt und des Tempels an. „Euer Haus wird von Gott verlassen."

Freitag der 30. Woche im Jahreskreis (Lk 14,1-6)

Immer wieder wird Jesus von Pharisäern zum Essen eingeladen, und er nimmt solche Einladungen an. Auch heute ist er wieder bei einem Pharisäer zu Gast. Da tritt unversehens ein Mann vor ihn, der an Wassersucht leidet. Nach Ansicht der Pharisäer ist jede Krankheit eine Strafe für begangene Sünde. Sie können sogar jeder Krankheit eine bestimmte Sünde zuordnen. Mit Wassersucht bestraft Gott die Unzucht. Nun sind sie neugierig, wie sich Jesus verhalten würde. Auf seine Frage, ob es am Sabbat erlaubt sei, zu heilen, antworten sie nicht. Da berührt er den Mann – Zeichen menschlicher Nähe – und heilt ihn. Nun sind die Pharisäern und Gesetzeslehrer dran: „Wer von euch wird seinen Sohn oder seinen Ochsen, der in einen Brunnen gefallen ist, nicht sofort herausziehen, auch am Sabbat?" – Eine unangenehme Frage. Sie antworten wieder nicht. Die Schlussfolgerung liegt auf der Hand, muss also gar nicht ausgesprochen werden: Während ihr nur bereit seid, euren eigenen Sohn oder Ochsen zu retten, ist Gott in seiner Güte bereit, gegen alle Menschen Liebe und Barmherzigkeit zu üben, auch wenn gerade Sabbat ist.

Samstag der 30. Woche im Jahreskreis (Lk 14,1.7-11)

Als Jesus als geladener Gast bei einem Pharisäer weilt, beobachtet er, wie sich die Gäste die Ehrenplätze aussuchen. Jeder möchte den besseren Platz einnehmen, denn jeder hält sich für besonders ehrenvoll. Das veranlasst ihn, das Wort zu einer Tischrede zu ergreifen. Nicht nach den Ehrenplätzen sollen sie drängen, sondern bescheiden sein. Sie würden ja beschämt, falls der Hausherr einen vornehmeren Gast geladen hätte, der später kommt. Dann müssten sie diesem weichen und den untersten Platz einnehmen.

Damit unterweist Jesus zugleich seine Jünger. Sie sollen demütig sein und sich den einfachen Leuten, den Armen, den Verachteten, den Notleidenden solidarisch zuwenden. Denn im Reich Gottes wird eine andere Ordnung gelten: Wer sich selbst erhöht, wird dann erniedrigt werden, und wer sich selbst erniedrigt, wird dann erhöht werden.

Montag der 31. Woche im Jahreskreis (Lk 14,12–14)

Wieder ist Jesus zu Gast bei einem Pharisäer. Dabei erteilt er eine Lehre hinsichtlich des üblichen Vergeltungsdenkens. Nicht jene sollen wir zum Essen einladen, von denen wir eine Gegeneinladung erwarten dürfen. Dann ist das Gute, das wir getan haben, wieder vergolten. Vielmehr sollen wir jene einladen, die sich nicht dafür revanchieren können, denn diese haben unsere Einladung nötiger: Arme und Krüppel, Lahme und Blinde, also Unterprivilegierte und Notleidende. Solches Handeln aus Nächstenliebe wird uns bei der Auferstehung der Gerechten von Gott vergolten werden.

Ganz von selbst wird diese Mahnung an den Pharisäer zu einer Mahnung an uns. Ob wir daraus lernen?

Dienstag der 31. Woche im Jahreskreis (Lk 14,15–24)

Da sagt ein Tischgast zu Jesus: „Selig, wer im Reich Gottes am Mahl teilnehmen darf." Darauf erwidert Jesus: Zu dem großen Festmahl im Reich Gottes sind viele eingeladen. Aber jene, die Gott zuerst eingeladen hat, nämlich Israel, das erstwählte Volk, entschuldigen sich mit vielen Ausreden. Sie haben zwar die Botschaft Gottes in der Predigt Jesu vernommen, sehen aber keinerlei Veranlassung, sich danach zu orientieren. Damit schlagen sie die Einladung zum großen Festmahl aus.

Deshalb reagiert Gott nun und lässt die von den Straßen und Gassen, die Armen, die Krüppel, die Blinden und Lahmen und schließlich die auf den Straßen draußen vor der Stadt zum Festmahl rufen, damit sein Haus voll wird. Die Armen waren jene, die kein Haus hatten, aber wenigstens innerhalb der Stadtmauer leben konnten. Die Krüppel, Blinden und Lahmen waren bei den Juden von der Teilnahme am Gottesdienst ausgeschlossen. Die draußen vor der Stadt leben, haben kein Heimatrecht in der Stadt. Damit spielt Jesus auf die Nichtjuden an. *Sie* dürfen am Festmahl im Reich Gottes teilnehmen, aber keiner von denen, die zuerst eingeladen waren.

Mittwoch der 31. Woche im Jahreskreis (Lk 14,25-33)

Als sich immer mehr Menschen ihm und seinen Jüngern anschließen, nimmt Jesus das zum Anlass einer Belehrung über die Jüngerschaft. Sie sollen wissen, was auf sie zukommt, wenn sie seine Jünger sein wollen. Sonst könnte die Enttäuschung am Ende groß werden. Ein Jünger muss seine Verwandten und sogar sein eigenes Leben hintanstellen, er muss sein Kreuz tragen und ihm nachfolgen. Es muss wohl überlegt sein, ob man dazu bereit ist. Es genügt nicht, für Jesus zu schwärmen, man muss den Anforderungen nüchtern ins Auge sehen.

Wer für die Nachfolge Jesu Werbung macht, darf nicht leichtfertig über die harten Bedingungen hinwegtäuschen und dann jene, die überfordert sind, auf der Strecke liegen lassen. Die beiden Vergleiche mit dem Turmbau und dem König sollen das noch illustrieren.

Donnerstag der 31. Woche im Jahreskreis (Lk 15,1-10)

Die Pharisäer und die Schriftgelehrten empören sich darüber, dass Jesus mit Zöllnern und Sündern Gemeinschaft pflegt und sogar mit ihnen isst. Darauf antwortet er mit einem Doppelgleichnis.

Zunächst vergleicht er den Sünder mit einem verlorenen Schaf. Wie ein Schafzüchter, dem ein Schaf abhanden gekommen ist, diesem nachgeht, bis er es findet, so geht Jesus dem verlorenen Menschen, dem Sünder nach, bis er ihn findet. Wie der Hirt das gefundene Schaf zur Herde zurückbringt, so Jesus den ehemaligen Sünder. Und wie der Schafzüchter außer sich ist vor Freude darüber, dass er das verlorene Schaf wieder gefunden hat, so herrscht im Himmel Freude über jeden Sünder, der umkehrt, wobei die Umkehr ausgelöst wurde durch das Nachgehen Jesu.

Ganz ähnlich ist es mit der Frau, die nur zehn Drachmen besitzt und eine davon verloren hat. Sie stellt das ganze Hause auf den Kopf, bis sie die Münze wieder gefunden hat. So geht Gott mit dem sündigen Menschen um. Er sucht ihn unermüdlich, bis er ihn gefunden hat und dieser zu Gott umkehrt. Dann aber herrscht im Himmel riesige Freude.

Nicht durch Ausschluss der Sünder oder durch Abkehr von ihnen, sondern durch Zuwendung wird die Kirche Menschen, die sich von Gott abgewandt haben, zurückgewinnen.

Freitag der 31. Woche im Jahreskreis (Lk 16,1–8)

Ein Verwalter wird beschuldigt, das Vermögen seines Arbeitgebers zu verschleudern. Ihm drohen Entlassung und Arbeitslosigkeit. Was tun? Da hat er die rettende Idee: Er fälscht die Schuldscheine seines Arbeitgebers, um sich unter dessen Schuldnern für die bevorstehende Zeit Freunde zu machen. Was dann folgt, erscheint uns auf den ersten Blick unverständlich, ja abstoßend: Jesus lobt die Klugheit des unehrlichen Verwalters.

Wir müssen genau hinschauen. Dem Verwalter geht es um die Sicherung seiner Zukunft. Jesus lobt auch nicht den Verwalter, sondern seine Klugheit. Der springende Punkt für das Verständnis ist die Sicherung der Zukunft. Diesbezüglich hat er klug gehandelt.

Genauso sollen auch wir klug handeln, wenn es um die Sicherung unserer Zukunft, nämlich um das ewige Leben geht. Jetzt müssen wir für unsere Zukunft vorsorgen, ehe das Ende der Zeit anbricht. Dann wäre es zu spät. Der kluge Mann baut vor – heute schon denkt er an seine ewige Zukunft und was dafür getan werden muss.

Samstag der 31. Woche im Jahreskreis (Lk 16,9–15)

Wie können wir uns mit dem ungerechten Mammon – Vermögen, Besitz, Kapital, ... – Freunde machen, damit wir in die ewigen Wohnungen aufgenommen werden? Das Wort klingt zunächst rätselhaft. Die Lösung heißt: Um in die ewigen Wohnungen aufgenommen zu werden, müssen wir uns Gott zum Freund machen. Er allein entscheidet über unsere Aufnahme in den Himmel. Dies tun wir, wenn wir den Reichtum für die Armen einsetzen. Der Mammon ist ungerecht, weil er unter den Menschen immer ungleich verteilt ist. Dies können wir dadurch ändern, dass wir unser Vermögen solidarisch mit den Armen teilen. So wird aus Ungerechtigkeit Gerechtigkeit. Wer im Teilen seines Reichtums vor Gott zuverlässig ist, dem vertraut Gott das wahre Gut an, das Himmelreich. Dieses ist unser wahres Vermögen. Das irdische Vermögen ist nur „fremdes Gut". Über den Umgang mit dem fremden Gut werden wir vor Gott Rechenschaft ablegen müssen.

Montag der 32. Woche im Jahreskreis (Lk 17,1-6)

Weh dem, durch den Verführungen kommen! So mahnt uns Jesus heute. Dabei geht es um Verführung zum Abfall vom Glauben. Im griechischen Text steht „skandalon", Ärgernis. Wer dem Mitchristen Ärgernis gibt, kann ihn zum Glaubensabfall verführen. Aber wehe dem, der solche Ärgernisse verschuldet!

Im Zusammenhang des Lukasevangeliums geht es um das Ärgernis, das der reiche dem armen Glaubensbruder gibt. Voraus geht das Gleichnis von dem reichen Mann und dem armen Lazarus. Wenn ein Christ in der Gemeinde genüsslich im Reichtum schwelgt, vielleicht sogar damit prahlt, auf dass alle sehen, was er sich so leisten kann, und keine Rücksicht auf den Armen in der Christengemeinde nimmt, der kaum weiß, wie er sich und seine Familie durchbringen und seinen Kindern eine ordentliche Ausbildung zukommen lassen soll – wenn ein Reicher so mit dem Armen neben sich umgeht, dann gibt er Ärgernis, das zum Glaubensabfall führen kann. Denn der Arme sieht den Zwiespalt zwischen der Forderung Jesu zur Nächstenliebe und dem Verhalten der reichen Gemeindemitglieder. Diese praktische Erfahrung kann Glaubenszweifel auslösen. Deshalb die Warnung Jesu vor dem Ärgernisgeben.

Dienstag der 32. Woche im Jahreskreis (Lk 17,7-10)

In diesem Gleichnis verwirft Jesus das pharisäische Anspruchsdenken gegenüber Gott. Dieses lautete: Leistung gegen Leistung. Wenn der Mensch alles geleistet hat, was ihm von Gott aufgetragen ist, dann schuldet ihm Gott dafür Lohn.

Dagegen sagt Jesus: Es ist vielmehr wie im Verhältnis zwischen Knecht und Herr. Wenn der Knecht alles pflichtgetreu erledigt hat, was ihm von seinem Herrn aufgetragen war, dann ist ihm dieser keinen Dank dafür schuldig. Der Knecht hat ja nur getan, wozu ihn der Herr eingestellt hat. So haben auch wir – etwa aufgrund erbrachter Leistung oder irgendwelcher Frömmigkeitsübungen – vor Gott keinen Anspruch auf Belohnung. Wenn uns Gott vielleicht doch mit den Gütern des Gottesreiches beschenken wird, dann ist das sein völlig freies Geschenk.

Mittwoch der 32. Woche im Jahreskreis (Lk 17,11–19)

Bei diesem Heilungswunder bildet der Unterschied im Verhalten der Geheilten die Pointe.

Zehn Aussätzige rufen aus großer Entfernung, denn sie dürfen sich Gesunden nicht nähern: „Jesus, Meister, hab Erbarmen mit uns!" Jesus schickt sie zu den Priestern. Nur diese durften die Heilung eines Aussätzigen rechtskräftig bestätigen. Er heilt sie noch nicht, erst unterwegs werden sie rein. Und die Reaktion? Ein Einziger kommt zu Jesus zurück, um ihm zu danken und Gott zu preisen, als er seine Heilung bemerkt. Und nun die Provokation: Dieser ist kein Jude, sondern ein Samariter, in den Augen der Juden ein Ungläubiger. Die Juden danken nicht, sie nehmen Gottes Geschenke als selbstverständlich an, als sei er es ihnen schuldig. Damit macht Jesus zugleich deutlich, dass Gottes Heil für alle bereit steht, auch für die Fremden.

Donnerstag der 32. Woche im Jahreskreis (Lk 17,20–25)

Pharisäer fragen Jesus, wann das Reich Gottes kommen werde. Mit dem Begriff „Reich Gottes" verband ganz Israel jene Zukunft, wenn Gott die Herrschaft ergreift und alles heil macht. Jesus antwortet, das Reich Gottes werde man nicht an äußeren Zeichen erkennen, vielmehr „ist es schon mitten unter euch". Mit seinem Kommen, wenn er Kranke heilt, Hungernde speist, mit dem Finger Gottes Dämonen austreibt, ist es ja schon angebrochen. Wo nun Menschen sein Wort hören und es befolgen, wo sie Gottesliebe und Nächstenliebe leben und sich so in seine Nachfolge begeben, da ist das Reich Gottes schon verwirklicht.

Bevor jedoch das Reich Gottes seine Vollendung erfährt, muss der Menschensohn noch vieles erleiden. Dann werden sich die Jünger nach der Vollendung sehnen, aber sie werden Verfolgung erdulden müssen, Falsche Propheten werden auftreten und das Kommen des Menschensohnes ansagen. Dann sollen sich die Jünger Jesu nicht täuschen lassen. Wenn der Menschensohn wirklich kommt, werden es alle unzweifelhaft und eindeutig erkennen.

Freitag der 32. Woche im Jahreskreis (Lk 17,26-37)

Der Tag des Menschensohnes ist da, wenn er aus seiner Verborgenheit bei Gott hervortritt und sich offenbart. Dann kommen Erlösung und Gericht, denn der Menschensohn ist Richter. Wir dürfen nicht leben, als käme er morgen schon, denn das würde uns lähmen. Wir dürfen auch nicht leben, als wäre es noch lange hin und wir könnten nach Lust und Laune in den Tag hinein leben, denn dann wären wir nicht bereit für den Augenblick, in dem es geschieht. Dann nämlich wird keiner mehr Vorsorge treffen können. Die Trennung zwischen Guten und Bösen, zwischen Geretteten und Verworfenen, wird mitten durch die Gemeinschaften gehen, in denen Menschen leben und arbeiten. Darum gilt es, alle Tage in der Liebe zu allen dem Menschensohn nachzufolgen. – „Wo Aas ist, sammeln sich die Geier." Wie Leichen die Geier anlocken, so werden die Sünder, die sich Gott verweigern, sein Gericht anlocken.

Samstag der 32. Woche im Jahreskreis (Lk 18,1-8)

Jesus spricht über die Notwendigkeit des immerwährenden Betens. Der miserable Richter, der sein Amt nach Willkür ausübt, gibt der Witwe schließlich nach, weil sie ihm keine Ruhe lässt. Erst recht wird Gott den Seinen, die in ihrer Not zu ihm schreien, mit absoluter Gewissheit ihr Recht verschaffen. Er wird sie unverzüglich rechtfertigen, also für recht und in Ordnung erklären, denn sie sind ihm treu geblieben und haben auf ihn ihr Vertrauen und ihre Hoffnung gesetzt. Es kommt nur darauf an, dass der Menschensohn sie bei seinem Kommen als solche vorfindet, die beten und ihren Glauben bekennen.

Montag der 33. Woche im Jahreskreis (Lk 18,35–43)

Jesus wandert in einem Zug vieler Menschen, die wohl auf der Wallfahrt nach Jerusalem unterwegs sind, und kommt in die Nähe von Jericho. Ein blinder Bettler vor der Stadt hört, dass viele Menschen vorbei gehen und fragt nach dem Grund. Man sagt ihm nur, dass Jesus von Nazaret vorüber gehe. Da ruft er sofort: „Jesus, Sohn Davids, erbarme dich meiner!" Die Wallfahrer fühlen sich in ihrer Andacht gestört und fordern ihn zum Schweigen auf, doch er schreit nur noch lauter. Jesus bleibt stehen und fragt ihn, was er ihm tun solle. Nun redet ihn der Blinde als „Herr" an: „Herr, ich möchte wieder sehen können." Die Bezeichnung „Herr" war in den hellenistischen Gemeinden eine Hoheitsbezeichnung für Jesus. Er ist der eigentliche Herr, der Herrscher, dem alle Macht gegeben ist. Jesus heilt ihn und nennt als Begründung dafür seinen Glauben. Der eben noch Blinde preist nun Gott, denn er weiß, wem er die Heilung zu verdanken hat, und folgt Jesus nach.

Auch uns will Christus die Augen öffnen, damit wir Gott preisen und dem Herrn nachfolgen.

Dienstag der 33. Woche im Jahreskreis (Lk 19,1–10)

Begegnung mit Jesus bedeutet Heil. Diese Erfahrung macht heute der Zöllner Zachäus. Klein von Gestalt klettert er aus Neugierde auf einen Baum, um den vorüberziehenden Jesus zu sehen. Jesus blickt ihn an und erklärt ihm: „Ich muss heute in deinem Haus zu Gast sein." In diesem „muss" drückt sich der göttliche Heilswille aus. Er „muss" ihn retten. Die Leute sind empört, dass er ausgerechnet bei einem Sünder einkehrt. Aber die Begegnung mit Jesus hat aus Zachäus einen neuen Menschen gemacht. Er teilt sein Vermögen mit den Armen und erstattet betrügerische Einnahmen mit Zins zurück. Ihm wurde Heil geschenkt, denn der Menschensohn ist gekommen, die Verlorenen zu suchen und zu retten.

Dies gilt auch heute für die Jünger Jesu. Sie dürfen sich nicht im Pfarrhaus einsperren und warten, ob jemand kommt. Sie müssen die Verlorenen aufsuchen, um sie zu retten.

Mittwoch der 33. Woche im Jahreskreis (Lk 19,11–28)

Jesus erteilt der Naherwartung des Gottesreiches im Volk einen Dämpfer. Er erzählt von einem vornehmen Mann, der in einem fernen Land die Königswürde annehmen wollte. Vor seiner Abreise gibt er seinen Dienern Vermögensanteile, mit denen sie Geschäfte machen sollen, um sie zu vermehren. Mit dem fernen Land spielt Jesus auf sich selbst an. In seinem Kreuzestod verlässt er die Erde, um zum Vater zu gehen. Dort erlangt er die Königswürde. Bei seiner Wiederkunft auf die Erde wird er von seinen Dienern – das sind wir – Rechenschaft fordern. Dabei werden jene Diener, die gut gewirtschaftet haben, d. h. sich für das Reich Gottes eingesetzt haben, belohnt. Dem aber, der mit dem Vermögen nicht gewirtschaftet, das heißt gefaulenzt hat, wird auch das noch genommen, was er bekommen hatte.

Das Gleichnis ist eingebettet in eine historische Begebenheit: Archelaus, ein Sohn Herodes des Großen, war zum Kaiser nach Rom gereist, um den Königstitel zu erwerben. Doch eine Gesandtschaft der Juden, bei denen er verhasst war, hatte dies verhindert. Nach seiner Rückkehr nahm Archelaus an seinen Gegnern blutige Rache.

Donnerstag der 33. Woche im Jahreskreis (Lk 19,41–44)

Vom Ölberg aus sieht Jesus Jerusalem mit seiner ganzen Pracht vor sich liegen. Doch er weint über die Stadt. Sie hat sich seinem Anruf nicht geöffnet. Was hat er nicht alles für die Rettung der Menschen getan! In Jerusalem aber ist er an seine Grenzen gestoßen. Die Menschen wollten sich nicht bekehren. Sie haben es mit ihm nicht besser gemacht als mit all den Propheten vorher bis hin zu Johannes dem Täufer. Das Volk hat die Zeit der Gnade nicht erkannt, nun ist das Gericht über sie unabwendbar. Das Gnadenangebot Gottes währt nicht endlos, der Mensch darf mit seiner Barmherzigkeit nicht spielen. Im Jahr siebzig nach Christus ereignet sich, was Jesus hier ankündigt: Die Stadt wird samt dem Tempel vernichtet.

Freitag der 33. Woche im Jahreskreis (Lk 19,45–48)

Jesus unterstreicht seine Lehre durch prophetisches Handeln. Aus dem Tempelbezirk vertreibt er die Verkäufer von Opfertieren, Händler mit Kultgegenständen und Souvenirs, Geldwechsler. Ihr Treiben wurde von den Priestern und der Tempelbehörde gefördert. Das aber ziemt sich nicht für das Haus Gottes. Der Tempel ist ein Haus des Gebetes. Jesus handelt in der Vollmacht des Messias und Sohnes Gottes.

Mit dem Einzug Jesu in den Tempel erfährt dieser seinen vollen Glanz und seine eigentliche Bestimmung: Der Messias lehrt in ihm und sammelt sein Volk. Was er im Tempel begonnen hat, werden die Apostel nach seiner Himmelfahrt und der Geistsendung fortsetzen: Sie lehren im Tempel.

Als die Führer der Juden von seinem Vorgehen im Tempel erfahren, sind sie entsetzt. Zogen sie doch auch ihren Gewinn aus dem Geschäftemachen. Sie wollen ihn umbringen. Aber noch sind sie unschlüssig, denn das Volk steht auf seiner Seite. Die Leute strömen zu ihm und hören ihm gerne zu.

Samstag der 33. Woche im Jahreskreis (Lk 20,27–40)

Die Sadduzäer glaubten nicht wie die Pharisäer und auch Jesus an eine Auferstehung der Toten. Durch einen Schriftbeweis wollen sie die Auferstehung Jesus gegenüber lächerlich machen. Nach dem mosaischen Gesetz der Schwagerehe sollte nach dem Tod eines Mannes dessen Bruder die Witwe zur Frau nehmen. Wessen Frau wird nun bei der Auferstehung jene sein, die nacheinander sieben Brüder zu Männern gehabt hat?

Die Pharisäer meinten, nach der Auferstehung werde das irdische Leben einfach fortgesetzt, nur eben als ein Leben mit allem, was das Herz begehrt.

Jesus erklärt nun: Die Ehe ist für das gegenwärtige Leben bestimmt. Im jenseitigen Leben gibt es keine Ehe mehr wie es auch keinen Tod mehr gibt. Dort herrscht Unsterblichkeit, da ist keine Zeugung neuen Lebens mehr erforderlich.

Montag der 34. Woche im Jahreskreis (Lk 21,1-4)

Jesus sitzt im Gang vor der Tempelschatzkammer. Dort waren dreizehn Opferkästen aufgestellt. Was die Leute dort einwarfen, war ausschließlich für den Opferkult bestimmt, wurde also als Gabe für Gott verstanden. Da kommen Menschen aller Stände, um ihr Opfer abzugeben, Reich und Arme. Jesus beobachtet, wie eine arme Witwe, also eine Frau, die für ihren Lebensunterhalt auf die Unterstützung anderer angewiesen war, zwei kleine Münzen einwirft.

Da sagt er: „Diese arme Witwe hat mehr hineingeworfen als alle anderen." Während sonst alle nur etwas von ihrem Überfluss geben, hat diese Frau ihren ganzen Lebensunterhalt hergegeben.

Das kann die Frau nur, weil sie für sich und ihr Leben gänzlich auf Gott vertraut. Auch uns kann das Gottvertrauen in schweren Zeiten Kraft und Zuversicht geben.

Dienstag der 34. Woche im Jahreskreis (Lk 21,5-11)

Jesus kündet eine Zeit an, in der der Tempel völlig zerstört sein wird. Leute fragen ihn nach dem Zeitpunkt, wann das geschehen wird.

Jesus warnt vor dem Auftreten von Irrlehrern, die sich wichtig machen werden, aber nur falsche Propheten sind. Auf sie sollen die Menschen nicht hereinfallen, selbst wenn sie sich auf Jesus berufen. Er spricht von Kriegen und Aufständen, aber davor sollen sie sich nicht ängstigen. Das muss zwar kommen, aber es ist nicht das Ende. Als der Tempel in Jerusalem zerstört wurde, war die christliche Mission gerade in ihren Anfängen begriffen. Wenn Völker und Reiche sich gegeneinander erheben, so ist das kein Grund mit dem Ende der Welt zu rechnen, auch nicht, wenn Erdbeben, Seuchen und Hungersnöte auftreten. Sie gehören zum Leben auf dieser Erde. Damit hat Jesus allen adventistischen Sekten den Grund ihrer Lehre entzogen.

Mittwoch der 34. Woche im Jahreskreis (Lk 21,12-19)

Noch vor der Zerstörung des Tempels, sagt Jesus heute, wird die Verfolgung seiner Jünger einsetzen. „Um seines Namens willen", d. h. weil sie zu ihm gehören und sich zu ihm bekennen, werden sie festgenommen, ins Gefängnis geworfen und verurteilt werden. – Wir denken da an die Gefangennahme der Apostel in Jerusalem, an die Steinigung des Stefanus, an Paulus und Silas im Gefängnis von Philippi, an Petrus im römischen Kerker und viele andere, damals wie heute in aller Welt.

Wenn ihnen solches geschieht, sollen sich die Jünger nicht um ihre Verteidigung sorgen, keine klugen Verteidigungsreden ausarbeiten, sondern sich ganz auf den Herrn verlassen. Er selbst wird ihnen dann die Worte eingeben.

Sie müssen damit rechnen, dass sie sogar von Verwandten und Freunden ausgeliefert werden und von allen gehasst werden, und doch können sie sorglos sein, wenn sie standhaft bleiben. Dann nämlich werden sie mit Gewissheit das Leben gewinnen.

Donnerstag der 34. Woche im Jahreskreis (Lk 21,20-28)

Noch einmal kommt Jesus auf die bevorstehende Zerstörung Jerusalems und das Ende des Tempels zu sprechen. Wenn die Jünger sehen, dass ein Heer gegen die Stadt anrückt, sollen sie Jerusalem verlassen und in die Berge fliehen, um sich zu retten.

Ohne Übergang spricht Jesus dann vom Ende der Welt. Er beschreibt dies in den Bildern chaotischer Naturereignisse, so dass die Menschen auf der Erde in panische Angst verfallen werden.

Für die Jünger aber soll das kein Grund zur Angst sein, ganz im Gegenteil: Denn „dann wird man den Menschensohn mit großer Macht und Herrlichkeit ... kommen sehen." Wenn das geschieht, sollen sich die Jünger aufrichten und ihre Häupter erheben, denn jetzt ist ihre Erlösung nahe. Christen brauchen das Ende nicht zu fürchten. Wenn sie standhaft waren, ist nun ihre Rettung gekommen.

Freitag der 34. Woche im Jahreskreis (Lk 21,29–33)

Die Jünger sollen von den Bäumen lernen. Wenn die Bäume Blätter treiben, wissen sie, dass der Sommer naht. So sollen sie auch an den apokalyptischen Zeichen erkennen, dass das Reich Gottes nahe ist. „Diese Generation wird nicht vergehen" ist eine missverständliche Übersetzung (griech. geneá). Besser würden wir sagen: „Dieses Geschlecht wird nicht vergehen, bis alles eintrifft." Gemeint ist das Menschengeschlecht, also nicht eine bestimmten Menschengeneration. Dann werden Himmel und Erde vergehen. Aber seine Botschaft, die Worte Jesu, werden nicht vergehen. Sie werden sich bewahrheiten in seiner Wiederkunft und in der endgültigen Rettung der Seinen für das ewige Leben.

Samstag der 34. Woche im Jahreskreis (Lk 21,34–36)

Zum Schluss dieser Rede warnt Jesus die Jünger davor, sich von jenem Tag plötzlich überraschen zu lassen. Der Tag seiner Wiederkunft wird ja der Tag des Gerichts sein. Er wird über die ganze Menschheit hereinbrechen. Dann sollen die Jünger gerüstet sein. Rausch und Trunkenheit stumpfen Herz und Verstand ab, übertriebene Sorge um das irdische Wohlbefinden macht blind und unempfindsam für die nachirdische Wirklichkeit. Wer in diesen Dingen aufgeht, wird in jenen Tag hineinstolpern wie man in eine Falle gerät.

Deshalb sollen wir allezeit wach sein, hellhörig für den Willen Gottes in unserem Leben, und beten. Dann brauchen wir kein Unheil zu fürchten, wenn wir vor den kommenden und richtenden Menschensohn hintreten.

Dann wird für uns der Advent beginnen, die endgültige Ankunft des Herrn.